심리학교양서②

성격과
심리학

김태형 · 전양숙 공저

새뜰심리상담소

심리학교양서 **2**

성격과
심리학

"사람들은 왜 서로 다른 것일까?"

이 질문에 대한 완벽한 해답을 찾는 과정은 끝이 없을 지도 모른다. 그러나 우리는 사람들의 성격이 서로 다르다는 것을 알게 된다면, 위의 질문에 대해 어느 정도는 해답을 줄 것이라고 믿는다.

우리가 살면서 보아 왔던 수많은 사람들 중에는 나와 정말로 비슷한 사람도 있었고, 나하고는 너무 달라서 도저히 이해하기 힘들었던 사람도 있었다. 또한 짧은 시간을 보았어도 오랫동안 기억에 남는 사람도 있었고 긴 시간을 같이해도 별다른 인상을 주지 못하는 사람도 있었다.

사람에 대해 더 알고 싶어서 심리학을 연구하는 길에 들어선 우리들조차 '나'라는 색안경을 끼고 사람들을 보는 습관에서 자유롭지 못했기에, 나와는 너무나도 다른 성격이 존재한다는 사실을 쉽사리 깨우치지 못했던 것이다.

사상이나 신념, 정치나 종교적 입장, 도덕성이나 품성, 계급계층이나 직업의 차이로는 설명이 되지 않는 '근원적인 성격적 차이'가 존재한다는 것을 알게 되면서 우리는 '성격'이라는 화두를 가지고 씨름을 하기 시작했다. 이때 우리에게 큰 영감을 준 것은 C. G. 융(Carl Gustav Jung)의 심리적 유형론(Psychological Types)이었다.

아마도 융이 인류에게 준 가장 큰 선물 중의 하나는 바로 "심리적 유형론"이었을 것이다. 우리는 융의 이론을 기초로 하여 나름대로의 이론적 연구를 심화시켜 왔고 임상경험을 통해 수집한 자료들과 세상살이를 통해 만난 사람들에 대한 분석을 종합하여 이 글을 쓰게 되었다.

일부 독자들은 이 글의 내용이 융의 이론과는 좀 다르다는 의문을 가질지도 모른다. 우리는 이 글에서 우리가 옳다고 생각하는 나름대로의 기준에 따라 융이 사용했던 많은 개념들을 새롭게 정의했고, 융이 언급하지 않았던 내용들도 새롭게 추가했다. 이러한 우리의 시도가 이론적 정확성을 가지고 있는지에 대해서는 앞으로 신중한 검증과정이 필요할지도 모른다. 또한 부분적인 오류도 있을 수 있고 미진한 내용도 있을 것이다.

그러나 우리는 이 글이 큰 틀에서는 결코 부정할 수 없는 이론적 타당성을 갖고 있다고 믿는다. 우리는 이 글에서 제시된 이론적 틀에 기초해 사람을 분석해 왔고 이를 양육이나 대인관계, 진로상담 그리고 임상적 심리상담 과정에 활용해 왔고 그 과정에서 의미 있는 실천적 결과를 얻을 수 있었기 때문이다.

이 글은 또한 우리가 2005년에 출간한 『부모-나 관계의 비밀』에서 제기한 인생의 법칙을 완결하기 위해서 집필되었다. 우리는 위의 책에서 인생의 법칙을 다음과 같이 규정하였다.

"사람의 인생은 부모, 환경, 유전자에 의해 규정된다."

『부모-나 관계의 비밀』이 부모 문제를 집중적으로 다루었다면 『성격과 심리학』은 유전자 문제를 집중적으로 다루고 있다. 유전자 문제의 핵심은 바로 성격이기 때문이다. 앞의 책을 읽었던 독자들은 이번에 출간되는 책을 통해 인생의 법칙에 대한 이해를 더 심화시킬 수 있을 것이다.

이 글을 읽는 독자들은 '성격'에 대한 이해를 통해 자기 자신과 타인을 정확히 이해할 수 있는 중요한 나침반을 얻게 될 것이며, 자기 인생을 더 풍요롭게 만들 수 있는 지혜도 발견하게 될 것이다.

우주라는 미지의 세계를 탐험하기 위한 인류의 도전이 아직 초보적인 단계에 머물러 있듯이 사람이라는 미지의 세계를 탐험하기 위한 인류의 도전 또한 아직 시작단계에 놓여 있을 뿐이다.

우리는 진정으로 이 책이, 사람이라는 우주적 존재의 비밀을 탐구하는 데 관심이 있는 독자들에게, 조금이라도 도움이 되기를 바란다.

또한 독자들이 이 책을 읽고 "사람들은 왜 서로 다른 것일까?"라는 질문에 나름대로의 해답을 찾게 됨으로써, 자기 자신을 더 사랑하게 되고 이웃을 더 사랑하게 된다면 정말로 기쁠 것이다.

2006년 11월 10일

김태형 · 전양숙

제 1 장

성격이란?

'성격'(심리적 유형)은 시간적으로는 인류역사가 시작된
이래 지금까지의 전 역사적 기간을 관통하여 나타나며,
공간적으로는 전세계 모든 대륙의 모든 민족과 종족,
계급계층에서 공통적으로 발견되는 근원적인
'심리적 유형'이라고 말할 수 있다.

인류가 등장한 이래 '성격'에 대한 사람들의 관심은 끊임없이 이어져 왔으며 현재에도 많은 사람들이 성격에 큰 관심을 가지고 있다. 일반인들의 심리학에 대한 관심은 사실상 '성격'에 대한 관심인 경우가 많다.

사람들은 왜 그다지도 '성격'이라는 것에 대해 지대한 관심을 가지는 것일까? 사람들이 성격에 대해 알고 싶어 하는 것은 그것이 사람들 간의 '차이'를 설명해 주는 것이라고 믿기 때문이다.

"나는 왜 저 사람과 다를까?", "저 사람은 왜 나와 다를까?", "이 사람은 왜 저 사람과 다를까?", "왜 사람들은 저리도 다른 것일까?"라는 등의 질문을 해보지 않은 사람은 아마도 없을 것이다. 사람들 간의 차이를 이해하는 것은 나를 더 잘 이해하기 위한 전제이며 궁극적으로는 사람이라는 존재를 더 잘 이해하기 위한 필수적 과정이다. 따라서 '성격'에 대한 관심은 곧 '사람'에 대한 관심인 것이다.

이미 사람들은 '성격'이라는 개념을 생활 속에서 자연

스럽게 사용하고 있다.

사람들은 "저 사람은 참 적극적인 성격을 갖고 있어", "그 인간, 참으로 게으른 성격을 타고 났더군" 등의 말을 자연스럽게 주고받는다. 이럴 때 성격이라는 말은 어떤 사람에게 고유한 특징적인 성품(적극성, 게으름)을 표현하는 것으로 사용된다. 그러나 심리학에서는 이러한 성격개념을 그대로 사용할 수 없다. 만약 사람들의 특징적인 성품들을 모두 성격이라고 규정한다면 한 개인이 수십 가지의 성격을 가지게 되기 때문이다.

사람들은 또한 "저 사람은 성격이 참 좋아" 혹은 "그 인간은 성격이 너무 나빠"라는 식으로 성격을 사람의 '심리적 건강성'을 판정하는 기준으로 사용한다. 이 경우 성격은 크게는 두 가지, '좋은 성격'과 '나쁜 성격'으로 구분될 뿐이다. 심리학에서 '성격의 건강성 문제'는 물론 중요한 것이지만 그것은 '성격개념'에 대한 정확한 해명 이후에 고려되어야 할 문제이지 성격 그 자체에 대한 설명은 되지 못한다.

심리학이 사람들 간의 차이를 올바로 설명하기 위해서는 두 가지 전제가 필요하다. 그것은 첫째로 심리학은 사람들 간의 '심리적 차이'를 밝혀내야 한다는 것이며, 둘째는

이 심리적인 차이 중에서도 '근원적인 차이'를 연구대상으로 삼아야 한다는 것이다.

이에 대해 조금 더 살펴보자.

과거에 히포크라테스는 사람을 '다혈질', '담즙질', '점액질', '우울질'의 4가지 유형으로 구분하였다. 그리고 사상의학의 창시자인 이제마는 사람을 '태양인', '태음인', '소양인', '소음인'의 4가지 유형으로 구분하였다. 그러나 이것은 모두 사람을 '체질적 차이'에 따라 유형화한 것이기 때문에 의학적으로는 유용한 구분이 될 수 있지만 '심리적 차이'를 규명해야 하는 심리학의 목적에는 부합되지 않는다.

사람을 생물학적 차이에 따라 '백인', '황인', '흑인'으로 유형화하는 것 또한 심리학의 관심대상이 아님은 같은 맥락에서 이해될 수 있을 것이다.

> A : "내가 좋은 사람 하나 소개해 줄까?"
> B : "어떤 사람인데?"
> A : "응, 키도 크고 잘생겼어. 게다가 성격까지 좋아."

위의 대화를 보면 일반인들도 성격을 신장이나 외모와 같은 신체적, 생물학적 특성과는 다른 것으로 이해하고 있음이 드러난다. 이와 마찬가지로 심리학이 연구대상으로 하는 사람들 간의 차이는 체질적, 생물학적 차이가 아니라 '심리적 차이'인 것이다.

다음으로 '근원적인 차이'의 문제에 대해 살펴보자.

엄밀히 말하자면 이 지구상에 존재하는 수십억 인구는 모두 다 심리적으로 차이가 있다. 즉 모두 심리적으로 조금씩은 다른 특성을 가지고 있다는 것이다. 그렇기 때문에 심리학이 사람들 간의 모든 심리적인 차이(구체적이고 세부적인 차이)를 연구대상으로 하게 되면 '수십억 가지의 성격'을 규명해야 한다는 결론에 도달할 것이다. 수십억 인구의 세부적이고 미묘한 심리적 차이를 모두 다 규명한다는 것은 불가능한 일일 뿐 아니라 백해무익한 일이다. 심리학 또한 다른 학문들과 마찬가지로 보편성을 다루는 학문이다. 따라서 심리학은 사람들 간의 모든 차이가 아니라 사람들을 근본적으로 다르게 만드는 '근원적인 차이'를 밝혀내야 한다. 그래서 수십억 가지의 '심리적 차이'를 올바른 기준에 따라 최소의 유형으로 보편화해야 할 것이다.

이러한 입장을 가지고 사람들의 성격을 심리적인 차이에 따라 유형화한 이론가는 스위스의 정신과 의사이자 분석심리학의 창시자인 C. G. 융(Carl Gustav Jung, 1875~1961)이었다. 그리고 이후 미국의 마이어스(Isabel Myers)와 그의 어머니인 브릭스(Katharyne Briggs)는 융의 이론을 실용화하기 위해 16가지의 성격을 측정하는 마이어스 - 브릭스 유형지표 (MBTI : Myers-Briggs Type Indicator)(1962)를 고안해 냈다.

여기에서 설명되는 성격이론은 융의 심리적 유형론(Psychological Types)에 기초를 두고 있으며 MBTI를 참고하였다.

지금부터는 성격이란 무엇인지 살펴보도록 하자.

"성격이란 사람의 근원적인 심리적 특성을 결정짓는 타고난 심리적 유형이다."

1. 성격은 타고나는 것

성격이 선천적으로 타고나는 것인가, 아니면 후천적으로 학습되는 것인가 하는 문제는 많은 논란이 되어 왔다. 그러나 앞에서 규정된 성격 개념을 기준으로 생각해 보면 성격의 선천성은 부정하기 어렵다.

"심리적 유형은 선천적으로 타고 난다."

성격의 선천성은 우리 주변에서 흔히 관찰된다. 부모 중의 하나를 외모뿐 아니라 성격까지 꼭 빼어 닮은 붕어빵 아이의 존재나 같은 환경, 같은 부모 밑에서 자란 아이들이 보이는 성격적 차이가 이를 잘 말해 준다. 심리학적 연구들은 태어난 뒤 곧바로 헤어져 각기 다른 환경에서 자란 쌍둥이가 매우 비슷한 성격적 특성들을 공유하고 있다는 증거들을 보고하고 있다.

"피는 못 속인다"는 말에는 아이에게 유전된 부모의 성격도 포함되어 있음이 확실하다.

그렇다면 성격을 선천적으로 타고난다는 것이 의미하는 것은 무엇일까?

그것은 우선 성격은 '환경을 이겨내는 힘'을 가졌다는 것을 의미한다. 성격은 후천적으로 학습되는 것이 아니다. 즉 성격은 유전적인 힘을 가지고 있기 때문에 환경에 의해 이런저런 영향을 받겠지만 궁극적으로는 '환경을 이겨내며 발아'한다는 것이다. 유전적으로 머리가 좋은 사람과 나쁜 사람이 있는 것이 당연한 일이듯이 성격의 차이가 유전적으로 결정되는 것 또한 자연스러운 일이다.

성격의 선천성은 또한 '성격의 근본적 변화는 불가능하다'는 것을 말해 준다. 키가 작은 유전자를 타고 난 아이는 죽을 힘을 다해 노력하면 보통 키는 될 수 있겠지만 거인은 될 수 없을 것이다. 타고난 성격은 환경의 영향을 받아 변화한다. 특정 성격의 특성들은 강화될 수도 있고 약화될 수도 있을 것이다. 또한 노력 여하에 따라 긍정적인 성격적 특성들이 약화될 수도 있고 부정적인 성격적 특성들은 강화될 수도 있다. 그럼에도 불구하고 성격은 근본적으로 변화하지는 않는다.

간혹 "보수적인 성격을 가진 사람도 진보적인 사상을 접하면 진보적인 성격으로 바뀌지 않을까?"라든가 "불성실한 성격을 가진 사람도 노력한다면 성실한 성격을 가질 수 있지 않을까?"라고 생각하는 사람들도 있다. 그러나 '보수적인 성격 - 진보적인 성격'이라는 것은 그 사람이 가지고 있는 사상의 진보성에 따라 규정되며 '불성실한 성격 - 성실한 성격'은 그 사람의 품성에 의해 좌우되는 특성일 뿐이다.

'성격'은 사상이나 신념, 특정 가치관, 종교, 도덕성이나 품성, 기질, 체질, 지식수준, 기술기능 등이 만들어 내는 심리적 특성에 대해 독립적이다. 다시 말해 앞에서 언급된 변수들의 영향을 받지 않으며 오히려 그 기저에서 작용하는 심리적 특성을 말한다.

이런 점에서 '성격'(심리적 유형)은 시간적으로는 인류역사가 시작된 이래 지금까지의 전 역사적 기간을 관통하여 나타나며, 공간적으로는 전세계 모든 대륙의 모든 민족과 종족, 계급계층에서 공통적으로 발견되는 근원적인 '심리적 유형'이라고 말할 수 있다. 즉 '갑'이라는 성격이 있다면, 그것은 한반도의 고구려 사람들, 고대 그리스의 사람들, 현대의 인도 사람들과 한국 사람들 속에 모두 존재해야 한다는 것이다. 이렇게 인류역사 전반을 관통하면서 존재하는 '근원적인 성격(심리적 유형)'만을 우리는 '성격'으로 인정해야 한다.

성격을 사상이나 신념, 품성 등에 의해 규정되는 심리적 특성들과 혼동해서는 안 된다. 이럴 경우 성격개념을 올바로 정립할 수 없으며 성격의 선천성을 부정하게 되는 오류에 빠지게 될 것이다.

2. 심리적 유형(Psychological Types)

근원적인 심리적 차이에 의해 사람들은 각기 다른 심리적 유형으로 구분된다. 즉 전세계의 수십억 명의 사람들은 근원적인 심리적 차이에 의해 몇 가지로 유형화될 수 있다는 것이다.

우리는 앞에서 히포크라테스나 이제마가 체질을 기준으로 사람을 4가지로 유형화했음을 살펴보았다. 그렇다면 심리적 유형은 무엇을 기준으로 해서 나누어질까?

"심리적 유형은 심리적 에너지의 방향, 인식기능, 판단기능, 실천능력의 차이에 의해 구분된다."

제 2 장
심리적 유형을 규정하는 요인들

심리적 에너지의 방향 : 외향(Extrovert) 대 내향(Introvert)

인식기능의 차이 : 감각(Sensation) 대 직관(iNtuition)

판단기능의 차이 : 사고(Thinking) 대 감정(Feeling)

실천능력의 차이 : 실천(Judgement) 대 인식(Perception)

1. 심리적 에너지의 방향 :
외향(Extrovert) 대 내향(Introvert)

(1) 외향형(E) 대 내향형(I)

심리적 에너지가 어느 방향을 향하고 있는가에 따라 심리적 유형은 외향형과 내향형으로 구분된다. 이때 심리적 에너지가 외부세계를 향하는 유형을 외향형이라고 하며 Extrovert의 첫 글자를 따서 E라고 표시한다. 반대로 심리적 에너지가 내면세계를 향하는 유형은 내향형이라고 하여 Introvert의 첫 글자를 따서 I로 표시한다.

외향과 내향이라는 유형은 이미 대중화되어 일반인들도 비교적 정확히 알고 있다.

심리적 에너지의 방향은 달리 말하면 심리적 관심의 방향이라고도 말할 수 있다. 심리적 에너지가 외부세계를 향한다는 것은 심리적 관심이 외부에 있기 때문이며 심리적 에너지가 내면세계를 향한다는 것은 심리적 관심이 내면세계에 있기 때문인 것이다. 융은 이를 '심리적 태도'라고 표현하기도 했다.

혹자는 이런 의문을 가질 수도 있다.

"외부세계야 무한히 크고 볼 것이 많지만 내면세계야 뭐 별 볼 일이 있을까? 내면세계도 결국은 외부세계의 반영일 텐데 심리적 에너지가 내면세계를 향해서야 뭐 얻을 것이 있을까?"

이런 의문을 해소하기 위해 잠깐 내면세계에 대해 언급할 필요가 있을 것이다. 내면세계란 일반인들이 상상하는 것 이상으로 크고 심오하다. 이러한 내면세계의 광대함과 심오함은 무의식의 광대함과 심오함에서 비롯된다. 무의식에는 선조들의 전 역사, 수정되는 순간부터 시작된 개인의 전 역사가 담겨 있다. 사람이 일생 동안 돌아다녀도 전세계를 모두 다 가볼 수 없듯이 무의식세계 또한 평생 동안 탐험해도 모두 다 맛볼 수 없을 만큼 큰 것이다. 이런 점에서 심리적 에너지가 의식과 무의식을 모두 포함하는 내면세계를 향하는 것은 전혀 이상한 일이 아닌 것이다.

외향형(E)과 내향형(I)은 외부의 자극을 대하는 데서도 차이를 드러낸다. 외향형(E)은 외부자극을 거침없이 다량 섭취하는 데 비해 내향형(I)은 외부자극을 주관을 통해 걸러내면서 소량 섭취한다. 식사에 비유를 해보면 외향형(E)은 많은 음식을 빠르게 먹지만 소화는 대충한다. 반면에 내향형(I)은 소량의 음식을 천천히 씹어넘겨 충분히 소화한다고 말할 수 있다.

외향형(E)과 내향형(I)의 또 다른 차이점은 심리적 에너지를 재충전하는 것과 관련된다. 외향형(E)은 외부세계와 접촉하면서 자신의 에너지를 재충전한다. 즉 밖에 돌아다니고 사람들을 만나는 것을 통해 에너지를 재충전하는 것이다. 이런 특성 때문에 외향형(E)은 심심한 것을 못 견디고 피곤함을 느끼면서도 일을 계속 만드는 등 대체로 사는 게 바쁜 것처럼 보인다. 이에 비해 내향형(I)은 내면세계와 교감함으로써 에너지를 재충전한다. 따라서 내향형(I)들은 때때로 음악감상을 하거나 독서를 하는 등 혼자 있는 시간을 필요로 한다. 이들은 사람들로 붐비는 복잡한 곳에 오래 있거나 사람들을 너무 많이 만나다 보면 에너지가 고갈된다. 인생말년에 전원에 집을 지어서 조용히 여생을 보냈던 사람들 혹은 그런 희망을 품고 사는 사람들은 내향형(I)일 가능성이 높다.

아래의 표는 한국현대사의 정치적 라이벌이자 전직 대통령인 김영삼(E), 김대중(I) 씨의 취미를 비교한 것이다.

〈표 2-1〉 양 김씨(김영삼, 김대중)의 에너지 재충전

	김영삼 : 외향형(E)	김대중 : 내향형(I)
취미	골프, 조깅 측근들과 같이 등산을 가는 것을 즐겼음(민주산악회)	영화감상, 연극관람, 독서 사람들이 없는 조용한 곳에서 휴식을 취하는 것을 즐김

외향형(E)은 새로운 환경에 대해 호기심이 많으며 그것을 자신감을 가지고 대한다. 따라서 새로운 환경에 빠르게 적응해 나간다. 외향형(E)들이 사회생활에 잘 적응하는 것은 이런 이유에서이다. 반면에 내향형(I)은 새로운 환경을 방어적으로 대하며 약간의 두려움을 느끼기까지 한다. 그 결과 내향형들은 새로운 환경에 적응하는 데 비교적 시간이 많이 걸리며 비사교적인 모습을 보인다.

〈표 2-2〉 외향형(E)과 내향형(I)

	외 향 (E)	내 향 (I)
심리적 에너지의 방향	외부세계(객관적인 사물, 다른 사람)	내면세계(무의식)
에너지의 재충전	외부세계와의 교감	내면세계와의 교감
새로운 환경	호기심(적극성, 자신감) ⇨ 빠른 적응	두려움(방어적) ⇨ 서서히 적응

(2) 심리적 에너지의 방향의 차이로 인해 생기는 특징들

　심리적 에너지의 방향이 어디로 향하는가 하는 차이는 다양한 영역에서 외향형(E)과 내향형(I)의 차이를 만들어낸다.

　외향형(E)은 언어와 감정을 표현하는 데 있어서 그 양이 많으며 빠르다. 밖으로 치솟아나가는 에너지 때문에 말이 많고 빠르다. 감정표현 또한 풍부하며 솔직하다. 반면 내향형(I)은 반대의 양상을 보인다. 말을 적게 하고 속도 또한 비교적 느리다. 감정표현을 잘 하지 않으며 감정을 속으로 품는 경향이 있다. 얼굴표정을 통해서만 겨우 감정의 변화를 감지할 수 있다.

　외향형(E)은 말수에 비해 사고의 깊이는 부족하다. 이들은 말하면서 생각하고 대화하면서 결론을 이끌어낸다. 한마디로 말하기 바쁘기 때문에 깊이 생각할 겨를이 없는 것이다. 반면에 내향형(I)은 계속 머릿속으로 말한다. 생각이 어느 정도 진행되어야 말을 시작한다. 토론할 때에도 머릿속으로 결론을 내린 후에야 발언을 시작한다. 내향형(I)이 외향형(E)에 비해 사색적임은 의문의 여지가 없다. 이런 차이로 인해 내향형(I)은 외향형(E)에 비해 무의식에 대한 통찰능력이 우수한 편이며 무의식을 활용할 수 있는 능력 또한 뛰어나다. 만일 무의식이 건강하다면 이것이야말로 내향형(I)의 이점이 될 것이다.

외향형(E)은 말에 능하고 내향형(I)은 글에 능한 경우가 많은데 이것은 내향형이 평소에 마음속으로 계속 말을 하는 습관을 가지고 있기 때문일 것이다.

외향형(E)은 세상과 사람들에 대한 관심이 많기 때문에 활발하게 돌아다니는 것을 좋아한다. 행동속도도 빠르며 활기에 차 있다. 매사에 적극적인 태도를 보인다. 내향형(I)은 조용히 혼자 있는 것을 좋아하기 때문에 활동이 적으며 행동속도 또한 외향형에 비해 느린 편이다. 그렇지만 자신이 좋아하는 일에 대해서는 외향형 같은 활기를 보이기도 한다.

외향형(E)은 사람들을 만나서 사귀기를 좋아한다. 이들은 사교적이며 다수의 사람을 가볍게 사귀는 경향이 있다. 외향형(E)들 중에는 한번 인사한 사람들을 '모두 다 내 친구'라고 표현하는 사람이 많다. 발이 넓은 편이지만 새로운 사람을 계속 만나야 하기 때문에 사람을 깊이 있게 사귀지는 않는다. 사람이 붐비는 장소나 소음이 있는 곳을 피하지 않는다. 외향형(E)의 사교능력은 그들로 하여금 사회적 관계를 발전시키는 데 기여하게 한다. 만일 세상 사람들이 모두 내향형들이라면 사람들 간의 교류와 협력은 지금보다 몇 백배 더 어려워질 것이다. 외향형은 사람관계에 기름을 치는 윤활유 역할을 한다. 내향형(I)은 사람을 만날 때 낯을 가리며 소수의 사람을 깊이 사귄다. 내향형은 대중 앞에 나서는 것을 싫어하는 편이며 사람이 붐비는 곳을 피하고 조용한 곳을 좋아한다.

외향형(E)과 내향형(I)은 서로간의 차이 때문에 갈등을 겪을 수도 있다.

〈표 2-3〉 E-I 부부의 휴일

모처럼 쉬는 일요일의 풍경			
E남편-E아내	E남편-I아내	I남편-E아내	I남편-I아내
두 사람 다 집에 가만히 못 있는다. 짐을 싸서 산으로 들로 떠난다.	집에서 영화를 보고 같이 대화를 나누자는 아내를 남편은 기어이 끌고 놀러 나간다(갈등).	모처럼의 휴일이라 남편은 집에서 조용히 쉬고 싶어한다. 그러나 아내는 밖에 나가자고 조른다 (갈등).	두 사람은 집에서 좋아하는 영화를 빌려다 보고 대화를 나눈다.

외향형(E)은 외부 자료를 중시하며 타인의 의견을 중시한다. 이것은 이들로 하여금 현실감을 유지하게끔 도와주는 순기능을 하기도 하지만 일반적인 다수의견을 맹목적으로

따라가게 하는 역기능을 하기도 한다. 내향형(I)은 외부 자료를 액면 그대로 받아들이지는 않는다. 그것을 자신의 주관을 통해 한번 걸러낸다. 따라서 다수의 의견에 무조건 따라가지는 않는다.

외향형(E)은 현재 시점의 외적 현실에 집착하는 경향이 있다. 이들에게는 지금 당장 받아들여야 할 외부의 자극들이 너무 많기 때문에 과거나 미래에까지 관심을 기울이기가 힘들다. 그러나 내면세계에 관심이 많은 내향형(I)들은 과거나 미래에 관심이 많다.

〈표 2-4〉 외향형과 내향형(E-I)의 차이가 만들어 내는 특징들

	외 향 (E)	내 향 (I)
언어표현	말수가 많고 빠르다.	말수가 적고 느리다.
감정표현	풍부하고 솔직하다.	속으로 품는다.
사고방식	말하면서 생각한다. 대화하면서 결론을 이끌어낸다.	생각하고 말한다. 결론이 난 이후에야 발언을 한다 (사색적).
의사소통 방식	말을 선호한다.	글을 선호한다.
행동양식	행동속도가 빠르고 활기차다. 매사에 적극적이다.	활동이 적고 느린 편이다. 좋아하는 일에 대해서는 활기를 보인다.
대인관계	사교적이고 다수의 사람을 가볍게 사귄다(모두 다 내 친구).	낯을 가리며 소수의 사람과 깊이 사귄다(나서는 것을 싫어함).
	사람이 붐비는 장소나 소음이 있는 곳을 피하지 않는다.	사람이 붐비는 곳을 싫어하며 조용한 곳을 좋아한다.
대중성	타인의견 중시 ➪ 일반적 의견을 따라감	타인의 의견보다는 내면의 주관이 더 중요
관심 시점	현재시점의 외적 현실에 집착 ➪ 과거와 미래(역사)에는 관심이 적음	역사적 시점(과거나 미래를 중시함) : 사색적이기 때문

(3) 발달단계의 특징

어린아이들의 경우 심리적 유형을 판별하기가 쉽지 않다. 특히 유아기, 아동기 초기(만 10세 이전)에 그러한데 그 이유는 유전적으로 타고 난 심리적 유형이 아직 충분히 싹을 틔우지 못했기 때문이다. 이런 이유로 유아기, 아동기 초기의 아이들은 내향형(I)임에도 불구하고 외향형(E)처럼 보이는 경우가 많다.

유아기, 아동기 초기의 아이들에게 있어서 내면세계는 빈약한 대신 외부세계에 대한 경험은 절실하다. 그렇기 때문에 아이들은 부지런히 외부세계와 교감을 하는데 이때의 아이들을 관찰해 보면 대개 외향형(E)처럼 보이는 것이다. 만일 유아기, 아동기 초기부터 내향성을 뚜렷하게 드러내는 아이가 있다면 그 아이는 매우 심한 내향형(I)이므로 적절한 치료적 조치가 필요할 수 있다. 만일 그 상태대로 아이가 성장하게 된다면 지나치게 극단적인 내향형(I)이 되어 여러 어려운 문제들(사회생활을 못하는 경우, 자폐적 성격)에 직면하게 될 수도 있다.

심리적 유형은 아동기 후기와 청소년기를 거치면서 자기 색깔을 뚜렷이 드러낸다. 내향형(I)이면서도 여러 가지 이유로 인해 이리저리 나대며 폴짝대던 아이들도 조용해지면서 내향형의 특성을 드러내기 시작한다. 물론 주위환경의 영향에 따라 그 강도나 양태는 달라질 수 있다.

외향형(E)들도 노년에 있어서는 다소 내향적인 특성을 드러낸다. 외부세계를 향해 왔던 이들의 심리적 에너지는 내면세계를 향해 회귀하며 자신의 과거를 돌이켜보고 자신이 없는 세상에 대해서도 생각해 본다. 그러나 노년기의 외향형(E)들이 자신의 외향적 특성을 완전히 잃어버리는 경우는 없다.

(4) 심리적 건강성의 문제

어떤 사람에 대해 외향형(E)이라고 할 때 그것은 그 사람이 외향성만을 가지고 있다는 것을 의미하지 않는다. 사람은 모두 외향성과 내향성을 동시에 가지고 있다. 다만 두 가지는 주된 속성(외향성)과 열등한 속성(내향성)으로 존재할 뿐이다.

이러한 점에 대해 흔히 언급되는 예를 통해 살펴보자. 사람은 오른손과 왼손, 두 개의 손을 가지고 있다. 다만 오른손잡이의 경우 주로 오른손을 사용하고 왼손잡이의 경우에는 주로 왼손을 사용할 뿐이다. 만약 오른손잡이라고 해서 왼손을 거의 사용하지 않게 되면 왼손의 기능은 점점 떨어질 것이고 결국에는 불구가 될 것이다. 이와 마찬가지로 외향형(E)은 외향성과 내향성을 모두 가지고 있지만 외향성을 주된 속성으로 내향성을 열등한 속성으로 가지고 있는 것이다.

외향성의 경우 내향성이 적절히 개발되어 외향성과 균형을 이룬다면 건강한 심리상태를 유지하겠지만 내향성이 적절히 개발되지 못해 외향성이 비대해지면 문제가 생긴다.

이러한 건강성의 문제를 표를 통해 살펴보면 다음과 같다.

〈표 2-5〉 외향형(E)의 건강성

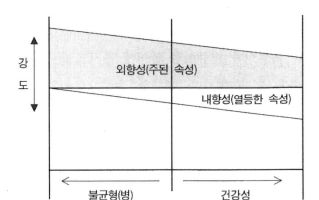

위의 표에서 알 수 있듯이 주된 속성이 지나치게 비대한 반면 열등한 속성이 거의 개발되어 있지 않은 쪽이 가장 병적인 상태이며 주된 속성과 열등한 속성이 균형을 이루고 있는 쪽이 가장 건강한 상태이다.

건강하지 못한 외향형(E)의 경우 다른 사람들의 눈치를 지나치게 보면서 자기 주관 없이 시류에 영합하거나 도무지 사색을 할 줄 모르는 생각이 짧은 사람이 될 수도 있다. 외향성의 비대화가 커져 병적인 상태가 되면 조증(Mania)이나 히스테리 증세를 보일 수도 있다.

히스테리성 인격장애 : 과다한 감정표현과 주의를 끄는 광범위한 형태로, 청년기에 시작되며 여러 상황에서 나타나고, 다음 중 다섯 가지(또는 그 이상) 항목으로 나타난다.

① 자신이 관심의 중심에 있지 않는 상황을 불편해함.
② 대인관계에서 자주 부적절한 성적 또는 자극적인 행동.
③ 감정이 빠른 속도로 변화하고 피상적으로 표현됨.
④ 자신에게 관심을 집중시키기 위해 지속적으로 외모를 이용함.
⑤ 지나치게 인상적이고 세밀함이 결여된 형태의 언어.
⑥ 자기 극화(self-dramatization), 연극성, 그리고 과장된 감정의 표현.
⑦ 피암시적임. 즉 다른 사람이나 상황에 의해 쉽게 영향을 받음.
⑧ 상대방과의 사이를 실제보다도 더 가까운 관계로 생각함.
『정신의학 제4판』, 이정균·김용식 편저, 일조각, 450쪽)

건강하지 못한 내향형(I)은 현실감을 잃어버려 주관적이고 개인적인 생각을 고집하며 현실세계를 두려워하여 사회생활을 못하게 될 수도 있다. 인터넷 중독(게임 중독)이나 영화 중독 등에 빠짐으로써 사회로부터 도망쳐 혼자만의 세계에 몰입하기도 한다. 심한 경우에는 자폐적 성격이 되며, 외향성을 완전히 상실하여 병적인 상태가 되면 심한 우울증을 앓을 수 있으며 정신분열에 이르기도 한다.

정신분열증 : 정서적 문제가 지속되어 궁극적으로 사고과정이 파탄되는 병
  ① 정상적 사고기능 상실 : 정상적인 논리과정이 파탄되어 사고과정이 혼란에 빠진다.
  ② 부적절한 감정 : 감정표현의 조화가 깨진다. 감정변화가 극심하고 양가적인 감정을 동시에 가질 수도 있다.
  ③ 자폐적 증세 : 환상속의 자기 세계 속에 파묻혀서 외부와의 접촉을 차단한다.
  ④ 환시, 환청 등 : 가까운 사람을 괴물로 착각해 공격하기도 하는 등 다른 사람에게 피해를 줄 수 있는 행동을 한다.

(5) E - I와 문화

심리적 유형과 문화와의 관련성은 아직 충분히 연구되지 못하였다. 그렇기 때문에 여기에서는 다만 개략적인 연

관성만을 추론해볼 것이다.

한 집단에서 특정한 심리적 유형이 다수를 점하거나 지배적 지위를 차지할 경우 그 특정한 심리적 유형의 특성이 그 집단의 문화를 형성하는 데 영향을 미칠 것은 분명하다.

이런 점에서 볼 때 미국의 외향문화는 미국인의 75%가 외향형(E)(Bradway, 1964)이라는 사실과 관련이 있을 것이다. 미국은 유럽에서 이민을 온 사람들이 만든 나라이다. 그런데 유럽인들 중에서, 아무리 살기 힘들다고 해도, 정든 고향을 버리고 신대륙을 향해 떠난 사람들은 대부분 외향형(E)이었을 것이다. 그 결과 미국의 문화는 기본적으로 외향적인 문화가 되었다.

화려한 겉모습에만 치중하는 천박함, 경박함과 가벼움, 산만하고 소란스러움, 거대함과 물량공세에 집착하는 것 등을 특징으로 하는 미국식 외향문화가 세계를 지배하게 된 것은 인류문화사 발전의 견지에서 볼 때 참으로 슬픈 일이다. 술잔을 들고 왔다갔다하면서 모르는 사람들과 가볍게 사귀며 잡담을 나누는 미국의 '칵테일 파티' 문화 또한 전형적인 외향문화라 할 수 있을 것이다. 미국은 참으로 내향형(I)들이 살기에 힘든 환경임이 분명하다. 미국문화의 영향하에 놓여 있는 한국의 TV와 같은 방송매체들 또한 외향문화가 주류를 이루고 있다. TV의 각종 프로그램이 지극히 외향적인데다가 TV 출연자들의 절대다수가 외향형(E)이다. 하기에는 과장된 감정표현과 대사가 중요한 현재의 TV 속에 내향형(I)들이 설 자리는 별로 없을지도 모른다.

미국과는 대조적으로 한국의 경우 전통적으로 내향문화가 지배적이었다. '조용한 아침의 나라'라는 말처럼 전통적인 선비문화나 다도문화, 한국불교의 수행문화 등은 내향적인 문화의 특징을 잘 보여주고 있다. 화려한 외형이나 거대한 크기를 배제하고 자연과의 조화를 중시한 옛 조상들의 건축문화 또한 내향적인 문화의 우수성을 잘 보여주는 예이다.

2. 인식기능의 차이 :
감각(Sensation) 대 직관(iNtuition)

(1) 감각형(S) 대 직관형(N)

인식기능의 차이에 따라 심리적 유형은 감각형과 직관

형으로 구분된다. 이때 감각기능을 주된 기능으로 사용하는 유형을 감각형이라고 하며 Sensation의 첫 글자를 따서 S로 표시한다. 반대로 직관기능을 주된 기능으로 사용하는 유형을 직관형이라고 하며 iNtuition의 두 번째 글자를 따서 N 으로 표시한다(iNtuition의 첫 글자인 I는 내향형을 표시하는 데 사용되므로 두 번째 글자인 N을 사용).

감각기능이란 감각기관을 통해 사물현상의 구체적인 특징을 인식하는 기능이다. 예를 들어 우리가 장미꽃을 볼 때 '시각'을 통해 장미꽃의 형태와 색깔 등을 보고 '후각'을 통해 향기를 맡으며 '촉각'을 통해 장미가시의 뾰족함을 느끼는 식으로 인식을 하는 것이다. 감각형(S)은 오감(시각, 청각, 후각, 촉각, 미각)을 동원하여 외부자극을 사진 찍듯이 정확히 인식한다.

직관기능이란 무의식에 기초해 사물현상의 본질을 단번에 인식하는 기능을 말한다. 물리학자 뉴튼은 나무에서 사과가 떨어지는 것을 보고 '만유인력의 법칙'을 발견했는데, 직관형(N)들은 이런 식으로 평범한 사실의 배후에 있는 본질이나 법칙을 파악하는 능력이 뛰어나다. 직관형(N)은 오감에 얽매이지 않고 그것을 통합하며 때로는 단번에 뛰어넘는 '육감'을 통해 세상을 인식한다.

인식은 무의식적으로 자동적으로 이루어진다. 이러한 특

징 때문에 융은 인식기능을 '비합리적 기능'이라고 말하기
도 했다. 인식과정이 무의식적이라는 것은 외부의 사물현상
은 우리가 특별히 의도하지 않아도 자동적으로 의식 속에
반영된다는 뜻이다. 우리가 길을 걸어가면서 보게 되는 많
은 것들, 예를 들어 자동차나 사람들은 우리가 특별히 의도
하지 않아도 자연스럽게 우리에게 인식된다.

인식과정이 무의식적으로 이루어지기는 하지만 인식에
의해 얻어진 정보를 처리하는 데 있어 감각형(S)과 직관형
(N)은 차이를 드러낸다.

감각형(S)은 자신의 감각기관을 통해 획득한 정보를 손
쉽게 의식화할 수 있으며 이러한 정보들을 주로 의식을 이
용해 처리한다. 예를 들어 감각형(S)이 차를 타고 가다가 논
에 서 있는 허수아비를 스쳐 지나갔다고 하자. 그는 어렵지
않게 자신의 감각기관에 의해 파악된 허수아비에 대한 정
보를 의식에 떠올릴 수 있으며 이를 통해 '허수아비를 진
짜 사람같이 참 잘 만들었다'는 판단을 할 수 있다. 반면에
직관형(N)은 육감을 통해 파악한 것들을 쉽게 의식으로 끌
어내지 못하며 의식상의 언어와 틀로 설명하지 못한다. 예
를 들어 직관형(N)인 노련한 형사가 어떤 살인용의자를 진
범이라고 확신하고 있다고 하자. 사람들이 그 살인용의자가
진범이라는 증거를 대라고 하면 형사는 머뭇머뭇거리며 말

로 설명하지 못할 것이다. 많은 경우 직관형(N)들은 무의식의 능력을 활용해 단번에 어떤 가설을 세우고 그것을 증명하기 위해 증거를 찾는 경우가 많다.

그렇다면 직관형(N)이 뛰어난 '통찰력'을 가질 수 있는 것은 무엇 때문일까?

에디슨(N)은 어린 시절에 '어미 닭이 알을 품으면 병아리가 태어난다'는 말을 듣고는 병아리가 태어나기를 기대하며 반나절 동안이나 자기 몸으로 알을 감싸 안고 있었다고 한다. 어린 에디슨이 이런 행동을 한 것은 그가 '알을 부화시키려면 따뜻한 온도가 필요하다. 그렇다면 어미 닭이 품든, 사람이 품든, 따뜻하게만 해준다면 병아리가 태어나지 않을까?'라는 가설을 세웠고 그것을 확인해 보고 싶었기 때문이다. 이렇게 직관형(N)들은 평범한 사람들이 전혀 관심을 기울이지 않거나 무심히 스쳐 지나가는 사실 속에서 새로운 것을 찾아내는 것이다.

감각형(S)과 직관형(N)을 논리학의 견지에서 비교해보면 감각형(S)은 형식논리에 가깝고 직관형(N)은 변증법적 논리에 가깝다는 것을 발견하게 된다. 감각형(S)은 특정한 사물현상을 개별적인 것으로, 고정불변한 것으로 여기는 경향이 강한데 이는 형식논리의 기본전제이기도 하다. 반면에 직관형(N)은 사물현상들의 상호연관과 운동발전을 중요시하는 변증법적 논리에 가까운 사고방식을 가지고 있다.

감각형(S)은 특정한 사물현상의 구체적 특징이나 속성을 사진 찍듯이 인식하는 데 능하지만 그것과 다른 사물현상과의 연관성을 파악하는 데는 약하다. 반면에 직관형(N)은 특정한 사물현상을 다른 사물현상과 연관시켜 인식하며 그것의 변화발전 가능성을 인식하는 데 능하지만 구체적이고 세부적인 특징들을 파악하는 데는 약점을 보인다.

마지막으로 거친 비유를 통해 감각형(S)과 직관형(N)의 차이를 정리해 보자.

감각형(S)은 동해바다, 서해바다, 남해바다의 바닷물을 한 드럼씩 마신 뒤에야 '바닷물은 짜다'는 진리를 파악한다. 반면에 직관형(N)은 동해바다, 서해바다, 남해바다의 바닷물을 한 컵씩만 마시고는 '바닷물은 짜다'고 단호하게 선언한다. 감각형(S)에게 동해바다, 서해바다, 남해바다의 차이에 대해 물어 보면 그는 각 바닷물의 빛깔과 염분, 오염정도 등에 대해 정확히 말할 것이다. 그러나 직관형(N)은 이에 대해 거의 대답하지 못한다. 진리에 도달하는 속도에 있어서 직관형이 우세하다는 것은 부정할 수 없는 사실이다. 그들은 감각형(S)을 보고 '바닷물을 다 마셔봐야 바닷물이 짠 것을 안단 말이야?'라고 퉁명스럽게 말한다.

<표 2-6> 감각형(S)과 직관형(N)

	감 각 (S)	직 관 (N)
인식기관	오감(감각기관)에 의존	육감(통찰력)에 의존
의식과의 관련	주로 의식과 관련	무의식과 관련
인식내용	사물현상의 구체적 특징과 속성	사물현상의 연관성과 변화 발전의 가능성(본질과 법칙성)

(2) 인식기능의 차이로 인해 생기는 특징들

인식기능의 차이는 다양한 영역에서 감각형(S)과 직관형 (N)의 차이를 낳는다.

감각형(S)은 어떤 자극도 놓치지 않으며, 섬세하고 구체적이며 치밀하게 사고한다. 감각형(S) 어머니는 아이들의 일거수 일투족을 놓치지 않기 때문에 이 아이들이 어머니를 속이는 것은 거의 불가능하다.

직관형(N)은 뛰어난 직관력을 활용해 사물현상의 본질을 꿰뚫어보는 데 능하다. 이들은 '냄새'를 잘 맡는 사냥개처럼 우거진 수풀 속에 숨어 있는 사냥감을 능숙하게 찾아낸다.

그림에 비유해 보자면 감각형(S)이 그리는 그림이 사실주의적이고 정교한 인물화라면 직관형(N)이 그리는 그림은

캐리커처라고 할 수 있다.

감각형(S)은 외부자극을 무시하지 않으며 왜곡하지도 않기 때문에 매우 현실적이다. 세속주의로 흐르지 않는다면 현실감각이야말로 감각형(S)들이 가진 최대의 장점일 것이다. 반면에 직관형(N)들은, 감각기능이 적절히 개발되지 않는다면, 현실감을 잃어버려 공상과 상상의 세계에 빠져들 위험이 있다.

직관형(N)들은 무의식에 의거해 인식을 하기 때문에 무의식이 가진 특성을 그대로 공유한다. 영감, 비전, 예감 등의 말은 모두 직관형에게 해당되는 것들이다. 무당이나 점쟁이, 귀신들린 사람들, 영적인 사람들 또한 거의 다 직관형(N)이다. 직관형(N)은 이렇게 무의식의 힘을 동원하기 때문에 이들에게 있어서 '의식의 힘'과 '무의식의 건강성'은 절대적으로 중요하다.

이에 대해 조금 자세히 살펴보도록 하겠다.

'의식'을 군대를 이끄는 장군에 비유한다면 '무의식'은 그 장군이 이끄는 '백만대군'에 비유될 수 있을 것이다. 만일 장군이 부도덕하고 무능하다면 백만대군은 싸울 때마다 져서 숱한 사상자를 낼 것이다. 그럼에도 불구하고 장군이 반성을 하지 않으면 병사들은 반란을 일으켜 장군을 죽여버릴 것이다. '무의식의 반란'이 일어나는 것이다. 반대로 장군이 훌륭한 사람이라면 그 장군은 백만대군의 힘을 마음껏 활용하여 백전백승 할 것이다. 만일 백만대군이 굶어서 비실비실하고 사기도 형편없어서 도망갈 궁리만 하고 있다면 장군이 아무리 뛰어나도 싸움에서 승리할 수 없을 것이다. 그래서 장군 혼자 죽어라고 싸우다가 결국 전사할 것이다.

'의식'은 무의식을 적극적으로 이용하게 하는 지휘관이다. 그렇기 때문에 의식이 힘이 있으면 무의식은 의식에 복종하면서 의식을 물심양면으로 돕는다. 그러나 의식이 무너지면 무의식이 범람하게 되어 백만대군은 마구 날뛰게 되고 결국에는 정신적 혼돈상태에 빠지게 된다. 의식이 힘이 있더라도 무의식이 빈약하거나 건강하지 못한 것 역시 문제임은 쉽게 추측할 수 있을 것이다.

'의식의 힘'은 우리의 노력여하에 따라 비교적 쉽게 키울 수 있다. 오늘이라도 진실로 깊이 반성하고 정신을 똑바로 차리면 의식의 힘은 바로 상승할 것이다. 그러나 '무의식의 건강성'은 단기간의 노력에 의해서는 쉽게 바꿀 수 없다. 나쁜 부모에게 학대당하며 큰 사람이나 나쁜 짓을 밥 먹듯이 하며 살아온 사람의 무의식이 건강할 리 없지 않은가.

직관형(N)은 '무의식의 건강성'에 따라 많은 차이를 보인다. 무의식이 건강하고 지적 능력이 뛰어난 직관형(N)은 천재가 될 수도 있지만 의식의 힘이 약하거나 무의식이 건강하지 못한 직관형은 무의식의 지배를 받는 '귀신들린 사람'이 될 수도 있다.

감각형(S)은 구체적이고 개별적인 특징에 관심을 갖는 반면 직관형(N)은 일반적인 특징과 연관성에 관심이 있다. 예를 들면 코끼리를 관찰한 감각형(S)의 아이는 코끼리의 긴 코나 상아, 굵은 다리, 식습관 등을 정확히 인식하는 데 관심을 두는 반면, 직관형(N)의 아이는 "코끼리가 클까 아니면 공룡이 더 클까?", "코끼리와 맘모스는 어떤 사이일까?", "코끼리는 왜 저렇게도 코가 길어졌을까?", "코끼리하고 자동차가 부딪히면 어떻게 될까?" 같은 데 관심을 갖는다.

추리방법을 기준으로 볼 때 감각형(S)은 귀납법에 능한 듯이 보이고 직관형(N)은 연역법에 능한 것처럼 보인다. 즉 감각형(S)들은 많은 자료들을 수집하거나 경험을 한 뒤에 '진리'를 발견하는 반면 직관형(N)들은 단숨에 가설을 세우고 이를 검증하고 적용한다. 확실히 직관형들에게는 '맞거나 말거나' 자기가설을 재빨리 세우는 경향이 있다.

감각형(S)은 사물현상을 고정불변하는 것으로 보기 때문에 '현재', '현실'에 관심을 가진다. 반면에 직관형(N)은 사물현상을 변화발전의 견지에서 보기 때문에 '미래', '가능성'에 더 관심을 갖는다. 그 결과 현실세계의 수많은 자극들에 민감한 감각형(S)은 대부분 '현실주의자'인 경우가 많고 가능성을 중시하는 직관형(N)은 '진보적인 개혁주의자'인 경우가 많다.

감각형(S)은 세부적이고 현실적이고 통속적인 언어를 사용한다. 직관형(N)은 추상적 개념을 자주 사용하는 편이다. 특히 지적인 직관형(N)은 은유나 비유능력이 뛰어나며 유머 감각도 갖고 있다. 기발하고 재치 있는 농담이나 발언을 잘해 좌중을 즐겁게 하는 사람들은 대부분 직관형일 가능성이 많다.

감각형(S)과 직관형(N)은 자기발전 양상도 다르다. 감각형(S)이 경험을 쌓는 데 따라 차분히 단계를 밟아가며 꾸준히 발전해 나가는 데 비해 직관형(N)은 일정 시점까지는 특별한 변화를 보이지 않다가 갑자기 질적인 비약과 도약을 하면서 새로운 단계로 발전해 나가는 양상을 보인다.

	감 각 (S)	직 관 (N)
주요 관심사	구체(감성적 인식)	추상(개념화)
	개별성(개별적 특징)	일반성(연관성)
추리방법	귀납법(경험주의)	연역법
관심시점	현재	미래(가능성)
언 어	세부적, 현실적, 통속적 언어를 사용	추상적 개념 사용, 은유나 비유능력 뛰어남, 재치가 있음(유머 능력)
의사소통	실제 사실과 실용적인 문제들에 대한 의사소통에 익숙함(이론적인 의사소통에는 약점)	가능성, 개념에 초점을 맞춘 의사소통(세부사항들에 대한 의사소통에는 약점)
현실성	현실주의자, 속세 지향(현실세계의 수많은 자극들에 민감하다)	이상주의적 개혁가, 미래지향(현실보다는 미래를 중시한다)
발전방식	단계를 밟아가며 꾸준히 발전한다	비약과 도약을 통해 질적으로 더 높은 단계로 발전한다

(3) 발달단계의 특징

감각형(S)과 직관형(N)은 어릴 때부터 다소간의 차이를 드러낸다.

아이들의 놀이를 예로 들어 살펴보자. 감각형(S) 아이들은 놀이를 다소 진지하게 생각하며 실생활을 모방하는 경향이 있다. '엄마-아빠 놀이'나 '주방놀이'처럼 이 아이들은 주변의 어른들을 관찰한 결과를 놀이에 도입하는 경향이 있는 것이다. 반면에 직관형(N)의 아이들은 실생활의 물건들을 공상의 세계와 결합시킨다. 특히 직관형 아이들은, '상상의 이야기'를 지어내면서 노는 것을 즐기며, '놀이를 개발'하는 귀재들이다. 몇 개의 나무토막만을 가지고 온갖 줄거리를 만들어 재미있게 노는 직관형 아이들은 경이롭기까지 하다.

앞에서도 언급했듯이 역시 유아기, 아동기 초기(만 10세 이전)의 아이들의 유형을 판별하기는 그리 쉽지 않다. 왜냐하면 유아기, 아동기 초기의 아이들은 대부분 직관형(N)처럼 보이기 때문이다. 아이들은 거의 다 유연한 사고, 풍부한 상상력, 어른들이 이해하기 힘든 독특한 논리를 구사한다. 그렇기 때문에 이러한 아이들의 특성에 지나치게 주목하게 되면 아이들의 유형을 잘못 판별하게 될 수 있다.

그러나 유아기, 아동기 초기의 아이들이 보여주는 직관형(N) 같은 특성들은 성인 직관형들이 가진 특성과는 다른 것이다. 이 시기의 아이들은 감각기능이 충분히 발달하지 못하였고 성인에 비해 현실체험이 절대적으로 부족하다. 이렇게 감각기능의 미발달로 인한 직관기능의 상대적 우세와 현실감의 결여에 따른 상상력의 우세가 아이들의 '원시적 직관능력'을 만들어 내는 것이다.

청소년기를 지나면 감각형(S)과 직관형(N)의 차이가 확연히 드러나기 시작한다. 이 시기에는 자신의 열등기능을 보완하는 것이 매우 중요한 문제로 나선다. 왜냐하면 청소년기에 보완되지 못한 열등기능은 아이들의 진로에 반드시 나쁜 영향을 미치기 때문이다.

노년기에 들어서면 감각형(S)들도 세속적인 현실에 대한 관심을 놓음으로써 직관형(N)처럼 되는 경향이 있다. 그러나 생활은 철저히 감각형(S)답게 해나간다.

(4) 심리적 건강성의 문제

감각형(S)은 감각기능을 주기능으로 직관기능을 열등기능으로 가지고 있는 유형이다. 반대로 직관형(N)은 직관기능을 주기능으로 감각기능을 열등기능으로 갖는 유형이다. 심리적 건강성은 역시 두 가지 기능이 적절히 균형을 유지할 때 가능해진다.

감각기능과 직관기능은 서로 대립되는 기능이 아니라

상호보완적인 기능이다. 감각기능의 뒷받침을 받을 때 직관 기능은 허황된 궤변이 아닌 진리의 빛을 발하게 되며, 직관 기능의 도움이 있어야 감각기능은 감성적인 인식에 머무르지 않고 이성적인 인식으로 발전해 진리를 발견할 수 있는 것이다. '구체-추상, 개별-일반, 귀납법-연역법, 형식논리-변증법적 논리'라는 쌍개념은 모두 상대방을 전제로 할 때 존재할 수 있으며 상대방의 도움을 받아야만 자신을 완성하게 된다는 점을 보더라도 감각기능과 직관기능의 균형이 얼마나 중요한 것인지 알 수 있을 것이다.

인식기능 중에서 한 가지 기능이 발달되지 못해 균형이 파괴되면 심각한 심리적 병을 앓게 된다.

〈도표 2-8〉 감각형(S)의 건강성

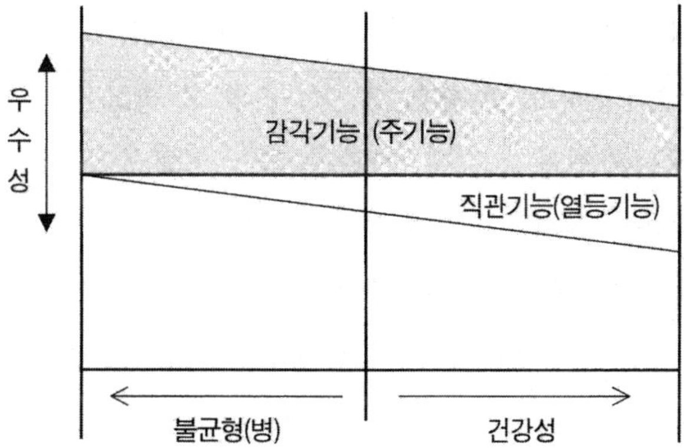

55

위의 표는 감각형(S)의 심리적 건강성을 보여준다. 직관형(N)의 경우에는 주기능과 열등기능이 바뀔 뿐 나머지는 동일하다.

건강하지 못한 감각형(S)의 경우 현실에 고착된 매우 지루한 사람, 재미없는 사람이 될 수 있다. 또한 세상 탁류의 흐름에 철저히 편승하는 물신숭배주의자, 세속주의자가 될 수도 있다. 심한 경우에는 강박증에 시달리거나 외부자극에 집착하는 중독에 빠질 수도 있다. 그러나 감각형(S)은 어지간해서는 현실을 놓아버릴 정도로 나빠지지는 않으며 따라서 일상생활을 어느 정도는 유지할 수 있다. '현실감각'을 감각형(S)이 가진 최고의 장점이라고 하는 이유가 여기에 있는 것이다.

외향형(E)과 내향형(I)은 통계적으로 볼 때 5 : 5 정도로, 그 비율이 서로 비슷한 것으로 보고되고 있다. 그러나 감각형(S)과 직관형(N)의 비율은 7 : 3이나 8 : 2 정도로 감각형(S)이 다수를 차지하고 있다. 직관형(N)이 이렇게 희귀하기 때문에 이들은 사람들로부터 "참 별나다"라는 말을 자주 듣게 되며 심지어는 따돌림을 당하기도 한다. 반면에 특출한 재능을 가진 직관형(N)은 사람들에게 지대한 영향을 미치며 존경을 받기도 한다. 사실 인류역사 속에서 명멸한 뛰어난 위인이나 천재들은 대부분 직관형(N)이었다.

직관형(N)이 이렇게 '왕따를 당하거나 찬양을 받거나' 하는 이유는 이 유형이 심리적 건강성에 있어서 가장 큰 편차를 보이는 유형이기 때문이다. "천재와 바보는 백지 한 장 차이이다", '저주받은 천재성' 등이야말로 직관형(N)에게 딱 들어맞는 말이다.

건강하지 못한 직관형(N)은 상황판단을 못해 뒷북을 치고 다니거나, 덜떨어진 행동과 황당한 궤변으로 사람들의 손가락질을 받기가 쉽다. 감각기능의 미발달은 세상에 대한 구체적이고 사실적인 인식을 불가능하게 하며, 궁극적으로는 현실감각을 파괴한다. 사이비 종교에 심취해 패가망신하거나 집단자살 하는 사람들의 절대다수, 때때로 비범한 재능을 발휘하기는 하지만 현실을 피해 자기만의 동굴에서 사는 기인들이 거의 다 직관형(N)인 이유가 여기에 있다.

직관기능의 비대화가 극도에 달하면 정신분열이 올 수 있다. 정신분열에 걸리는 사람들의 절대다수가 직관형(N)이며 이는 특히 내향 직관형(IN)들에게서 두드러진다. 유명한 예술가들 중에는 때때로 번쩍이는 재능을 발휘해 뛰어난 창작활동을 하면서도 정신병을 달고 살거나 그것 때문에 죽었던 사람들이 많다. 당연히 이들 또한 직관형(N)이었다.

이처럼 직관형(N)은 '모 아니면 도'(천재 아니면 정신병자)의 위험에 놓여 있기 때문에 이들에게 있어서 감각기능의 개발, 현실감각의 유지는 절체절명의 과제라 할 수 있을 것이다. 직관형을 선망의 시선으로 바라보는 감각형(S)들은 자신들이 다소간의 심리적 불균형에도 불구하고 현실감각을 유지하면서 생활을 유지해 나갈 수 있다는 점을 위안으로 삼아야 할 것이다.

인구분포로 볼 때 소수인 직관형(N)들이 많이 모여 있는 특수집단들이 있다. 학문을 연구하는 대학이나 지식인 집단, 예술가나 작가와 같은 집단, 스님들이 모여 있는 불가의 사찰이나 수도원 같은 경우에는 직관형(N)이 다수를 점하는 경우도 있다. 그럴 경우 이들은 대중이 알 수 없는 자기들만의 언어로 소통하거나 일반인들은 전혀 이해할 수 없는 자기만족적인 관념세계로 침몰할 수도 있다. 따라서 이런 집단일수록 더욱 더 현실체험을 많이 해야 하며 일반 대중과 자주 접촉해야 할 것이다. 현실감각을 상실한 특수 집단은 사회에 결코 도움이 되지 못하기 때문이다. 이런 견지에서 볼 때 과거 학생운동가들이 '민중 속으로'를 외치며 현장에 들어갔던 것은 적어도 직관형(N)들의 인생에는 크게 도움을 주었을 것이 분명하다.

(5) S-N과 문화

감각형(S) 문화를 대표하는 것은 아마도 극단적인 경험주의의 일종인 미국의 실증주의일 것이다.

실증주의 : 경험으로 확증할 수 있는 개별과학의 실증적 지식만이 참된 지식이며 세계의 본질과 일반적 합법칙성을 연구하는 철학은 쓸데없는 하나의 형이상학이라고 주장하는 주관 관념론적 철학조류. 실증주의자들은 인간의 지식을 감성적인 경험에만 국한시키면서 물리학, 화학, 생물학 등 개별과학에 의해 얻어지는 지식만이 옳은 지식이 되며 세계의 본질이나 그 발전의 일반적 합법칙성과 같은 것은 감성적으로 지각할 수 없고 경험적으로 확증할 수 없기 때문에 철학은 그것을 인식할 수 없다고 주장한다.

실증주의라는 철학적 사조는 전세계의 많은 사람들에게 커다란 영향을 미치고 있다. 미국 학계는 물론 미국학문을 모방하기에 급급한 한국의 학계가 대부분 실증주의의 포로가 되어 있다. 실증주의는 통계와 실험을 맹신하여 학문을 방법론의 포로가 되게 하였고 '실험을 통해 증명되지 않는다'는 것을 빌미로 동양의학 같은 중요한 인류의 자산을 함부로 배척해 왔다. 인문·사회과학이 침체기를 면치 못하고 있는 한국의 현실 또한 실증주의의 악영향과 떼어놓고 생각할 수 없을 것이다.

반면에 직관형 문화는 깨달음을 중시하는 한국의 선불교 전통이나 인도의 명상수련 문화 등에서 찾아볼 수 있다.

3. 판단기능의 차이 :
사고(Thinking) 대 감정(Feeling)

(1) 사고형(T) 대 감정형(F)

판단기능의 차이에 따라 심리적 유형은 사고형과 감정형으로 구분된다. 이때 사고기능을 주된 기능으로 사용하는 유형을 사고형이라고 하며 Thinking의 첫 글자를 따서 T로 표시한다. 반대로 감정기능을 주된 기능으로 사용하는 유형을 감정형이라고 하며 Feeling의 첫 글자를 따서 F로 표시한다.

'판단'이란 의식적으로 논리적 결론을 이끌어내는 것을 말한다. '인식'이 무의식적으로, 자동적으로 이루어지는 데 반해 판단은 의식적이고 의도적으로 진행된다. '판단'이 이성을 사용해 논리적 결론을 이끌어내는 것이기 때문에 융은 판단기능을 '합리적 기능'이라고 말했다.

사람이 인식을 하는 데 머무른다면 실천으로 나아갈 수 없다. 그리고 사람의 실천은, 맹목적이고 본능적인 동물의 행동과는 다른 목적의식적 실천이기 때문에, 반드시 이성적 '판단'을 요구한다. 판단이 이루어져야 어떤 말을 하든가 행동을 하든가 할 수 있는 것이다.

사고기능이란 객관적인 논리를 기준으로 진위(眞僞)판단('참이냐 거짓이냐'를 판단하는 것)을 하는 기능이다. 예를 들어 우리가 "물은 높은 곳에서 아래로 흐른다"라는 말을 들었을 때, "물도 만유인력의 법칙에 지배되니까"라든가 "무거운 것은 당연히 위에서 아래로 움직이니까"라는 사고(객관적인 논리)에 근거해 "맞는 말"이라고 결정하는 식으로 '참과 거짓'을 판단하는 것이다. 이렇게 사고형(T)은 객관적인 논리에 기초해 '참과 거짓', '정(正)과 부정(不正)' 등을 판단한다.

감정기능이란 사람의 감정을 기준으로 가치판단을 하는 기능이다. 여기에서 '가치판단'이란 어떤 것이 사람에게 있어서 '이로운가 아니면 해로운가'(유익성), '유쾌한가 아니면 불쾌한가'(쾌-불쾌), '좋은가 아니면 나쁜가'(호-불호), '아름다운가 아니면 추한가'(미학적 의미) 등을 판단하는 것이다. 예를 들어 산길을 가다가 아주 예쁜 버섯을 봤을 때, 자신의 즐거운 감정에 근거해 "그 버섯, 참 예쁘네"라고 생각하는 식으로 '쾌-불쾌', '호-불호'를 판단하는 것이다.

사고형(T)과 감정형(F)의 판단기준은 매우 다른데 이것이야말로 두 유형간의 모든 차이를 낳는 본질적이고 근본적인 차이라고 할 수 있다.

사고형(T)은 항상 '객관적인 논리'나 '객관적인 법칙'을 기준으로 사고하고 판단한다. 그렇기 때문에 사고형(T)의 '객관성'과 '논리성', 진위판단 능력은 감정형(F)에 비해 볼 때 매우 우수하다.

반면에 감정형(F)은 항상 사람의 감정, 즉 '자신의 감정'이나 '타인의 감정'을 기준으로 사고하고 판단한다. 그렇기 때문에 감정형(F)은 자신의 감정을 잘 느끼며 타인의 감정에도 민감하다. 공감능력을 타인의 감정을 깊이 이해하는 능력이라고 할 때, 공감능력이 우수한 유형이 감정형(F)임은 쉽게 짐작될 것이다. 자신의 감정을 깊이 느끼고 이해하지 못하는 사람은 타인의 감정을 제대로 이해할 수 없기 때문이다.

발생학적 견지에서 볼 때 감정기능은 사고기능에 선행했을 것으로 추측된다.

원시인류에게는 그 무엇보다도 생존 자체가 최대의 목

적이었을 것이다. 그래서 어떤 대상이 자신의 생존에 도움이 되는지 아니면 위협이 되는지에 대해 정확하게 빠른 판단을 내리는 것이 매우 중요하게 제기되었을 것이다. 원시 인류는 자신의 생존에 도움이 되는 것들은 취하고 자신의 생존에 위협이 되는 것들은 피하는 과정을 통해 '감정기능'을 개발했을 것이다. 그리고 이러한 감정기능은 장구한 인류역사 속에서 계속 진화되어 왔고 점차 본능적인 욕구에 근거한 감정판단만이 아니라 사람의 고차적인 이해관계와 요구, 정신적이고 미적인 요구에 근거한 판단기능으로 발전해 왔을 것이다. 이렇게 감정기능은 인류의 '원초적 생존반응'으로부터 유래한 것이기 때문에 사고기능에 비해 더 뿌리가 깊고 근원적이며 무의식적이다. 대부분의 감정이 무의식에 기초해 즉각적으로, 자동적으로 일어나는 것도 이런 이유에서일 것이다.

생존 그 자체를 목표로 했던 인류는 점점 성장하여 자연을 개조하는 길에 들어선다. 이제 인류에게는 실천이 중요한 문제로 나서게 된 것이다. 그런데 실천이 제대로 되려면 자연에 대한 지식이 필요하다. 돌로 사냥을 하는 것보다는 철로 사냥을 하는 것이 더 좋음은 두말할 나위가 없을 것이다. 그러나 철을 이용하려면 '철은 뜨거운 열을 가하면 녹는 성질이 있다'는 등의 '객관적인 법칙'을 알아내야 한다. 또 이미 발견된 객관적인 법칙을 기준으로 새로운 법칙들을 계속 발견해내야 한다. 이러한 과정, 즉 객관적인 법칙(논리)을 기준으로 새로운 지식을 쌓아나가는 과정을 통해 사고기능이 발생하고 발전해 왔을 것으로 생각된다. 이렇게 감정기능이 발생한 이후에 개발된 사고기능은, 인류의 끊임없는 지적 성장과 함께 하며, 사람의 지적 능력을 특징짓는 의식의 중요한 기능으로 자리하게 된 것이다.

〈표 2-9〉 사고형(T)과 감정형(F)

	사 고 (T)	감 정 (F)
판단 기준	객관적 논리, 객관적 법칙	사람, 감정
판단 내용	진위판단(법칙성) : 참 - 거짓, 정(正) - 부정(不正)	가치판단(의미) : 쾌(快) - 불쾌(不快), 호(好) - 불호(不好)

(2) 판단기능의 차이로 인해 생기는 특징들

판단기능의 차이는 다양한 영역에서 사고형(T)과 감정형(F)의 차이를 낳는다.

사고형(T)은 이론이나 논리에 관심을 보이며 과업지향적이다. 그래서 뛰어난 일처리 능력을 발휘하는 경우가 많다.

합리적인 사고능력과 공정한 분쟁해결 능력(시시비비를 가리는 능력) 그리고 이론 능력(객관적인 논리)을 갖추고 있기 때문이다. 이러한 이유 때문에 사고형(T)들은 사회생활을 할 때, 뛰어난 업무능력을 가진 사람으로 평가받는 경우가 많다.

사고형(T)은 '정의'를 추구한다. 왜냐하면 그것이 도덕적으로 옳기 때문이다. 이들은 대인관계에 있어서도 인정이나 안면관계에 의해 휘둘리지 않으며 '공정하고 합리적인 관계'를 추구하는 경향이 있다. 사고형(T)은 자신이 옳다고 확신하면 갈등을 별로 두려워하지 않는다. 이들은 다소 사무적인 태도로 사람을 대하며 타인의 결함이나 문제점을 거침없이 지적하는 편이다. 또한 일을 할 때, 그야말로 '인정사정 볼 것 없다'는 구호 아래 원리원칙대로 사람들을 몰아대는 모습을 보이기도 한다. 이러한 사고형(T)의 특징은 사람들로부터 '인정이 없다', '냉정하고 차갑다'는 말을 듣게 하는 부작용을 낳기도 한다.

반면에 감정형(F)은 사람이나 감정에 관심을 두며 관계 지향적이다. 사고형(T)이 정의를 추구한다면 감정형(F)은 자비를 지향한다. 이들의 궁극적 목표는 사람의 행복에 있기 때문이다.

감정형(F)은 대인관계를 비교적 원만하게 풀어 나간다. 친밀감을 형성하는 능력, 사람들의 마음을 다독이고 움직이는 능력, 공감능력, 따뜻하고 온화한 성품, 감화력 등을 갖추고 있는 감정형(F)은 사람들로부터 '따뜻하고 착한 사람'이라는 평을 듣는 경우가 많다. 감정형(F)은 대인관계에 있어서도 조화와 협동을 추구하며 개인적이고 감정적인 관계를 더 중요하게 생각한다.

감정형(F)은 갈등을 잘 못 견딘다. 그것은 갈등이 미움이나 증오의 감정을 전제로 하는 것이기 때문이다. 감정형(F)은 자기의 마음속에서 나쁜 감정 혹은 불쾌한 감정이 올라오는 것을 매우 불편해하기 때문에 갈등상황이 지속되는 것을 본능적으로 피하려고 하는 것이다. 이들은 상대방이 마음아파 할까봐 결함이나 문제점을 곧바로 지적하지 못하는 경향이 있다. 또한 혼을 낼 때에도 상대방의 기분을 고려하여 우회적으로 완곡하게 말한다.

'그놈의 인정 때문에', '마음 약해서'야말로 감정형의 18번이다.

어느 회사의 아침풍경(한 직원이 지각을 했다)	
T 직장상사	**F 직장상사**
직장상사 "지금이 몇 시인 줄 알아?"	"어째서 지각을 했나?"
직원 "죄송합니다. 아이가 아파서요."	
직장상사 (화가 더 난다) "뭐라고? 아이가 아픈 것하고 자네가 지각하는 것하고 무슨 상관인데?"	(갑자기 마음이 약해진다) "저런, 아이가 아프다고? 얼마나 아프길래?"
직원 "집사람이 마침 친정에 가고 없어서…."	"집사람도 마침 없고 해서 제가 병원에 데리고 갔다 왔는데 지금은 괜찮습니다."
직장상사 "사정이 딱하기는 하지만 그래도 지각이니 시말서를 쓰게."	"사정이 딱해서 오늘은 봐줄 테니 앞으론 조심하게. 부장님껜 아무 말도 하지 마. 내가 말씀드릴 테니까."
직원 (속으로 욕한다. "인정머리 없는 놈 같으니라구.")	"감사합니다."

　　사고형(T)과 감정형(F)은 언어사용에 있어서도 차이를 드러낸다. 사고형(T)은 감정이 배제된 짧고 간결하며 논리적인 언어를 사용하기를 즐기지만 감정형(F)은 감정이 개입된 정서적인 언어를 주로 사용한다. 예를 들어 영화를 본 뒤 평가를 해달라고 했을 때 사고형(T)이 "돈을 많이 쓴 것 같더군. 스펙타클해"라고 말한다면 감정형(F)은 "좋았어, 너무 감동적이야"라고 말한다. 이런 식으로 사고형(T)은 자신의

느낌이나 감정보다는 '영화 그 자체'에 대한 객관적인 평가를 하는 반면 감정형(F)은 영화에 대한 평가보다는 자신의 감정이나 느낌을 표현하는 경향이 있다.

사고형(T)은 객관성과 논리력이 뛰어나기 때문에 논쟁에 능한 반면 감정형(F)은 정서적 반응능력이 높기 때문에 감화력, 설득력이 뛰어나다. 그렇기 때문에 사고형(T)은 명쾌한 논리를 접하면 즐거워하고 감정형(F)은 감동을 주는 말에 기뻐한다.

〈표 2-10〉 판단기능의 차이(T-F)가 만들어 내는 특징들

	사 고 (T)	감 정 (F)
주 관심사	이론, 논리 과업지향	사람, 감정 관계지향
언 어	감정이 배제된 짧고 간결하며 논리적인 언어를 사용	감정이 개입된 정서적인 언어를 사용
대인관계	공정하고 합리적인 관계를 추구(갈등에 잘 대처함)	조화와 협동을 추구, 개인적이고 감정적인 관계를 중시함(갈등을 잘 못 견딤)
사람을 대하는 태도	사무적임, 결함이나 문제점을 거침없이 지적한다	친절함, 결함이나 문제점을 지적할 때 상대방의 기분을 고려한다(참거나 우회적으로 말함)

(3) 발달단계의 특징

E-I, S-N의 경우와 마찬가지로 유아기, 아동기 초기(만 10세 이전)의 아이들은 그 유형을 판별하기 쉽지 않다. 대다수의 아이들은 감정형(F)처럼 보인다.

이 시기의 아이들이 감정형(F)처럼 보이는 이유는 다음과 같다.

첫째, 감정기능의 근원성 때문이다. 감정기능이 사고기능에 우선하여 발생하였으며, 사고기능에 비해 더 근원적이며 무의식적이라는 점은 앞에서 지적하였다. 수정란이 태아로 자라나는 과정을 보면, '개체발생은 계통발생을 되풀이한다'는 것을 알 수 있는데, 이는 판단기능의 발달에도 적용되는 것 같다. 즉 사람에게 있어서는 감정기능이 우선적으로 발달되고 사고기능은 그 뒤에 발달되는 것 같다.

> 개체발생은 계통발생을 되풀이 한다 : 특정한 개체는 그 발생도상
> (개체발생)에 있어서 그 조상이 지나온 경과(계통발생)를 간단하게
> 되풀이한다는 설. 독일의 E.헤켈에 의하여 1868년에 발표된 것으로
> 발생반복설(發生反復說) 또는 생물발생설이라고도 한다.

둘째, 환경이 사람의 감정기능을 먼저 발달하게끔 만들기 때문이다. 임신기간을 빼고 보더라도, 아이가 태어난 뒤

어머니와 상호교감 하는 과정은 감정기능을 발달시키게 된다. 즉 아이는 무엇보다 먼저 자신을 유쾌하게 하는 대상과 불쾌하게 하는 대상에 대한 감정반응을 개발하게 되는 것이다. 사고기능은 아이의 사고능력(언어능력이 특히 중요하다)이 점차 발달해가는 데 기초해서 서서히 개발된다. 결론적으로 말하자면 환경적 영향이 감정기능을 먼저 개발하도록 만든다는 것이다.

유아기, 아동기 초기(만 10세 이전)의 아이들은 사고기능이 감정기능에 비해 상대적으로 미발달되어 있다. 이런 이유로 다수의 아이들이 감정형(F)처럼 보이는 것이다.

사고형(T) 아이들의 경우에는 어린 시절부터 감정기능을 개발해 주기 위해 특별히 신경을 써야 한다. 현재의 학교교육은 대부분 사고기능을 강화시키는 내용이 주류를 이루고 있기 때문에 감정형(F)이 사고기능을 개발하기는 비교적 쉽지만 사고형(T)이 감정기능을 개발하기는 매우 어렵기 때문이다.

노년기에 들어서면 사고형(T)도 논리나 법칙에 대한 관심으로부터 벗어나 인생의 의미를 생각해 보고 사람에 관심을 기울임으로써 감정형(F)과 비슷한 모습을 보이기도 한다.

⑷ 심리적 건강성의 문제

사고형(T)은 사고기능을 주기능으로 감정기능을 열등기
능으로 가지고 있는 유형이다. 반대로 감정형(F)은 감정기능
을 주기능으로 사고기능을 열등기능으로 갖는 유형이다.

사람들 사이의 심리적 갈등을 기준으로 볼 때, 외향형
(E)과 내향형(I)간의 갈등이나 감각형(S)과 직관형(N)간의 갈
등에 비해 사고형(T)과 감정형(F) 사이의 갈등은 더 심각한
양상을 띤다. 두 유형이 모두 다 심리적으로 건강하다면 두
사람은 서로의 약점을 보완해 주고, 상대방에 대해 매우 만
족해 하며 사이좋게 잘 지낸다. 그러나 심리적 균형이 무너
진 두 유형이 만나면 그 갈등은 크게 증폭되어 수많은 오

〈표 2-11〉 사고형(T)의 건강성

해와 다툼을 불러온다.

건강하지 못한 사고형(T)의 경우 매우 차갑고 쌀쌀맞으며 신경질적인 모습을 보인다. 특히 마음속에 화가 나 있는 사고형(T)은 쉴 새 없이 잔소리를 하며 툭하면 화를 낸다. 또한 원리원칙에 얽매여 사람들을 지나치게 엄하게 다루기 때문에 건강하지 못한 사고형(T)을, 사람들은 '사나운 사람, 무서운 사람'이라고 말하며 피한다. 건강하지 못한 사고형(T)을 군대나 직장에서 상사로 만나거나 시어머니로 만나게 되는 사람들의 인생은 참으로 고달플 것이다.

일반적으로 사고형(T)이 감정형(F)에 비해 외견상 화를 더 잘 내는 것처럼 보이는데 그것은 두 유형의 화내는 방식이 서로 다르기 때문이다. 사고형(T)은 카랑카랑한 높은 톤의 목소리로 꼬장꼬장 따지면서 날카롭게 화를 낸다. 평시에 비해 목소리의 톤은 한 단계 올라가지만 일단 하이톤(High Tone)에 올라가면 크게 변화가 없이 유창하게 화를 낸다. 사고형(T)은 평소에 할 말을 참지 않고 하는 편이라서 화를 짧게 자주 낸다. 그래서 매우 쉽게 그리고 자주 화를 내는 것처럼 보인다. '못된 시어미'나 '싸움닭' 같은 별명을 가진 사람들은 거의 사고형(T)일 것이다.

반면에 감정형(F)은 씩씩대며 벌컥벌컥 화를 낸다. 이들의 화내는 모습은 마치 뱃속에서부터 힘을 주어 폭발시키

는 것 같다. 목소리는 떨리며, 흥분 때문에 상대방의 잘못
을 조목조목 지적하기보다는 감정적인 말을 하며, 분에 겨
워 욕을 해대기도 한다. 감정형(F)은 평소에 화가 나도 속으
로 묻어두는 편이라서 화를 자주 내지는 않지만 일단 터지
면 폭발적인 모습을 보이는 것이다. '순한 놈이 화나면 더
무섭다'는 말은 바로 감정형(F)을 가리키는 것이다.

　건강하지 못한 사고형(T)의 최대 약점은 감정미숙이다.
이들의 미발달된 감정기능은 이들의 감정능력, 공감능력을
매우 취약하게 만든다. 그 결과 감정 영역에서는 마치 미숙
아처럼 행동하는 경우도 있다. 이들은 상대방이 힘들거나
슬퍼서 위로를 받고 싶어하는데도 원리원칙적인 쓴 소리만
해 타인에게 더 큰 상처를 입히기도 한다.

(머리가 크다고 놀림을 받은 아이가 매우 슬퍼하며 말했다)
"엄마, 애들이 나보고 머리통이 크다면서 큰 바위 얼굴이라고
놀려."

T 엄마	F 엄마
"뭐라고? 네 머리가 크기는 하지만 큰 바위보다는 작은데 누가 그런 소릴 하니?"	"애들이 그냥 장난친 거야. 네 머리가 얼마나 예쁜데."(아이의 머리를 껴안아준다)

　감정능력을 스펙트럼에 비유해 보자면, 건조한 사고형

(T)이 흑백의 스펙트럼을 통해 감정을 느낀다면 감정형(F)은 총천연색 스펙트럼을 통해 감정을 느낀다고 할 수 있을 것이다.

	T 남자	F 남자
(두 연인이 공원벤치에 앉아 보름달을 보고 있다)		
여자	"야! 달이 정말 밝네."	
남자	"당연하지. 보름달이잖아!"	"정말! 네 얼굴이 더 예뻐 보이는데?"
여자	"사랑해…."	
남자	"응, 알아."	(여자친구를 꼭 껴안아 준다)

감정기능을 완전히 상실하여 사고기능만 비대해지면 기계인간 같은 사람이 될 수 있으며 여기에 더해 도덕개념까지 없다면 '범죄를 벗삼아' 살아가기가 쉽다.

건강하지 못한 감정형(F)은 객관성과 논리성을 상실해 매우 주관적인 생각을 하게 된다. 이들은 줏대 없이 이 사람에게도 "응", 저 사람에게도 "응" 하면서 돌아다닌다. 또한 이들은 자기 감정에 집착하기 때문에, 공정성을 상실하여 사람을 편파적으로 대하거나 아이들을 편애하기도 하며, 평가에 대한 일관성을 상실한 경우도 많다. 객관성과 논리성이 부족한 감정형(F)은 '흐리멍텅한 일처리를 하는 사람', '우유부단한 사람'으로 평가되어 사회생활을 할 때 고생을 하게 될 수 있다.

보통 감정형(F)들은 화를 속으로 품는 경향이 있다. 그 결과 화병이나 우울증에 걸리기도 하며, 내부의 공격성이 수동적으로 표현되는 '수동공격성 인격장애'로 될 수도 있다.

수동공격성 인격장애 : 적절한 사회·직업적 수행에 대한 요구에 부정적 및 수동적 저항을 보이는 광범위한 양상으로 청년기에 시작되고, 여러 상황에서 나타나며, 다음 중 네 가지(또는 그 이상) 항목으로 나타난다.

(1) 일상적 사회적 및 직업적 과제를 완수하는 데 수동적으로 저항함.
(2) 타인이 자기를 이해하고 평가하지 않는다고 불평함.
(3) 뚱하고 논쟁적임.
(4) 권위에 대해 비이성적으로 비판하고 비난함.
(5) 더 행운이 있어 보이는 사람에 대해 시기와 분노를 표시함.
(6) 과장되게 지속적으로 자신의 불행에 대한 불평을 말함.
(7) 적대적 반항과 후회 사이를 왔다갔다함.

(『정신의학 제4판』, 이정균·김용식 편저, 일조각, 454쪽)

감정형(F)은 갈등을 회피하기 위해 '좋은 게 좋다'는 식의 인간관계를 맺는 경향이 있다. 서로간의 관계에 문제가 있더라도 이를 입 밖에 내지 않으며 쉬쉬하고 덮어두려 한다. 그러나 상대방에게 문제가 있음에도 이를 눈감아 주는 것은 결국 그 상대방을 망치는 일이다. 봐주면 상대방은 더 나빠지고 그 피해는 고스란히 자신에게 돌아오게 마련이다.

애정결핍에 시달린 감정형(F)은 자아의 힘이 약하기 때문에 다른 사람이 자신을 비난하는 것을 못 견뎌하며, 모든 사람들로부터 사랑받기 위해 몸부림친다. 또한 다른 사람이 자신을 혹시라도 미워할까봐 전전긍긍하며, 상대방의 요구를 다 들어 준다. 그래서 자신이 지쳐 쓰러질 때까지 상대방에게 당하며 산다. 이들에게 있어서 '권리의식'이란 먼 나라의 이야기일 뿐이다.

"세상에 일방적인 관계란 없다. … (중략) … 당하는 것도 나쁜 것이다. … (중략) … 한쪽 편이 당해주면 다른 편은 점점 더 악독해진다. 그러나 한쪽 편이 용감하게 맞서 싸우면 다른 편은 얌전해지거나 도망칠 수밖에 없을 것이다. 계속 당하며 사는 것은 당하는 사람이 괴롭히는 사람과 함께 병적인 관계(피학-가학 관계)에 중독된 것이다."

(『부모-나 관계의 비밀』, 김태형 · 전양숙,
새뜰심리상담소출판사, 2005, 45~47쪽)

건강하지 못한 감정형(F)은, 100명이 모여 있다고 해도 성깔 있는 사고형(T) 하나를 못 당한다. 당하며 사는 사람의 절대다수는 병든 감정형(F)들이다. 여기에 더해 이들이 맞이할 수 있는 최악의 짝꿍은 병든 사고형(T)이다. 이럴 경우 남녀의 차이를 불문하고 감정형(F)은 사고형(T)의 밥이 된다. 그야말로 '엄처시하'가 되는 것이다.

'흥부 놀부'전에 등장하는 흥부가 놀부 형한테 당하면서 살았던 것은 단지 흥부가 착해서만은 아니었다. 그가 너무 심한 감정형(F)이었던 반면 놀부는 병든 사고형(T)이었기 때문이다. 적어도 흥부가 사고형(T)이었다면 그렇게까지 당하면서 살지는 않았을 것이다. 제비가 도와주지 않았다면 어쩔 뻔 했는가.

(5) T - F와 문화

사고형 문화는 업무의 효율성을 중시하는 조직이나, 기업, 군대 등에서 찾아볼 수 있다. 또한 이성의 우월성을 강조해 왔던 서구문화도 사고형 문화의 한 예일 것이다.

반면에 감정형 문화는 사람을 중시한 전통적인 한국문화에서 많이 발견된다. 홍익인간(弘益人間)의 건국이념이나 동학의 '인내천(人乃天)' 사상 등의 전통사상, 그리고 길가는 나그네를 따뜻하게 대접했던 전통적인 미풍양속 등이 이를 잘 말해 준다. 한국인의 다수는 감정형(F)일 것으로 생각된다. 한국인의 미소라고 불리는 '백제의 미소'나 '하회탈의 미소'야말로 전형적인 감정형(F)의 얼굴이기 때문이다.

감정형 문화는 효율보다는 사랑이나 우애를 중시하는 가족, 종교집단 등에서도 발견된다.

4. 실천능력의 차이 :
실천(Judgement) 대 인식(Perception)

(1) 실천형(J)과 인식형(P)

실천능력의 차이에 따라 심리적 유형은 실천형과 인식형으로 구분된다. 이때 실천을 중시하는 유형을 실천형이라고 하며 Judgement의 첫 글자를 따서 J로 표시한다. 원래 Judgement를 직역하면 '판단'이라고 해야 하지만 심리적 유형론에서 판단이라는 개념은 실천의 전제조건이라는 의미로 사용되며, 실제의 내용에 있어서도 '실천'에 가깝기 때문에 여기에서는 '실천'으로 번역하였다. 반대로 인식에 머무르는 경향이 있는 유형을 인식형이라고 하며 Perception 의 첫 글자를 따서 P로 표시한다.

실천형(J)과 인식형(P)의 가장 큰 차이는 계획성이라고 할 수 있다. 실천형(J)은 어떤 행동을 하기 전에 미리 계획을 세우고 그것을 실현하기 위한 준비를 하며 그 계획에 따라 체계적으로 실천을 한다. 실천형(J)은 강아지를 위해 개집을 만들려고 할 때, 먼저 세밀하게 설계도를 그리고 필요한 자재와 공구를 준비한다. 언제 어느 곳에서 작업을 할 것인지 어느 정도의 시간이 걸릴 것인지도 미리 생각해 둔다. 그리고는 대개의 경우 자신이 예상한 시간에 맞춰 일을 마무리한다. 이렇게 실천형(J)은 어떤 일을 하든 미리 계획을 세우고 그 계획을 성실히 집행하는 경향이 있다.

반면에 인식형(P)은 일반적으로 계획을 세우지 않으며, 계획을 세우는 경우에도 그것은 정밀하지 못하다. 인식형(P)은 개집을 만들 때, 개략적인 설계도만 그리고 이런저런 자재를 사다놓고는 일을 시작한다. 한참 일을 하다가는 필요한 공구를 준비하지 못했음을 깨닫고 다시 공구를 사러 갔다 온다. 다시 일을 하다가는 설계도가 자세히 작성되지 않았음을 알게 되어 다시 설계도를 그린다. 우여곡절을 겪으면서 완성을 하기는 했으나 개집은 비가 새고 시간은 훨씬 초과되었다. 인식형(P)은 사회생활을 하면서 계획적으로 일하는 것의 중요성을 느끼기는 하지만 좀처럼 자신의 습관을 고치지 못해 속상해하기도 한다.

실천형(J)은 자기 자신과 주변에 대한 통제력이 높다. 이들은 목표를 달성하기 위해 자신을 지속적으로 조절·통제하는 데 능하다. 일을 하는 도중에는 다른 곳에 한눈을 팔지 않으며, 인내력을 발휘해 개인적 충동을 억제한다. 실천을 하는 데 있어서 자기통제력은 매우 중요하다. 오작동을 하는 기계가 불량품을 만들어 내듯이 자기통제력이 없는 사람은 제대로 된 실천의 결과물을 만들어 내지 못하기 때문이다.

실천형(J)은 또한 환경에 대한 통제력도 높다. 이들은 자신의 주변을 항상 단정하게 정리정돈하며 모든 물건들을 제자리에 놓아 둔다. 실천형(J)은 자신이 설정한 시간표에 따라 행동하며 약속시간도 잘 지킨다. 이들은 처음 가보는 낯선 장소에서 사람을 만나는 약속을 할 경우에는 충분한 여유를 두고 약속장소에 미리 도착하여 기다린다. 실천형(J)이 거주하는 공간은 항상 치워져 있어서 깨끗한 느낌을 주며, 그와 약속을 할 경우에는 '혹시나 약속시간에 늦지는 않을까?'라는 걱정을 할 필요가 없다.

반면에 인식형(P)은 충동성을 억제하지 못하는 경향 때문에 자신과 주변에 대한 통제력이 낮다. 이들은 자신의 충동적 욕구를 제대로 다스리지 못하여 주의력이 분산되며 즉흥적인 행동을 하는 경우가 많다.

예를 들어 보자. 어떤 사람이 대청소를 시작하였다. 그러다가 책장 밑에서 옛날에 잃어버렸던 책을 발견하자 곧 그 책에 주의를 빼앗겨 치우다 만 쓰레기더미 위에 앉아서 그 책을 읽는다. 보다 못한 주위 사람이 뭐라고 핀잔을 주자 마지못해 다시 청소를 한다. 그러나 TV를 청소하다가 스위치를 건드려 TV가 켜지자 다시 쪼그리고 앉아서 TV를 시청한다. 이렇게 인식형(P)은 어떤 실천목표를 정해 놓고도 자신을 통제하지 못하기 때문에 쉽게 주의를 빼앗기고 산만한 행동을 하게 된다.

인식형(P)은 환경에 대한 통제력도 부족하다. 이들의 거주공간은 잡다한 물건들이 산만하게 놓여 있으며 거의 정리정돈이 되어 있지 않아 지저분하다. '잃어버린 물건을 찾아서'가 이들에게는 너무나 익숙한 일상일 뿐이다. 인식형(P)은 시간개념이 희박하다. 이들에게 마감시간이란 항상 바꿀 수 있는 유동적인 1차 기한일 뿐이며 약속시간이란 당연히 조금은 어겨도 되는 것이다. 이들은 다음 약속이 코앞에 다가와도 여유를 부리며 앉아서 수다를 떨기도 한다. 인식형(J)이 거주하는 공간에 갈 때는 깨끗함을 기대하지 말아야 하며, 그와 약속을 할 경우에는 '반드시 늦을 것임'을 알고 미리미리 독촉을 해야 할 것이다.

실천형(J)과 인식형(P)의 이러한 특성 때문에 이들은 의지력에 있어서도 차이를 드러낸다. 전자가 강한 의지력과 추진력을 가지는 데 반해 후자는 의지가 박약하고 추진력이 부족하다. 따라서 실천형(J)은 일을 집중적으로 밀어붙여 최종기한을 지켜내는 경우가 많지만 인식형(P)이 최종기한을 지키는 일은 드물다.

실천형(J)은 조직성과 규율성을 갖고 있다. 이들은 조직과 규율의 중요성을 잘 이해하며 조직과 규율에 잘 적응한다. 실천형(J)들이 모이면 서로 팀을 짜서 재빠르게 역할분담을 하고 정해진 규율에 따라 일을 척척 잘 해낸다. 실천형(J)이 사회생활에서 높은 평가를 받는 중요한 이유 중의 하나는 바로 그들이 가진 '조직성과 규율성' 때문이다.

반면에 인식형(P)은 조직성과 규율성이 낮다. 이들은 조직과 규율을 귀찮아하며 그것에 잘 적응하지도 못한다. 인식형(P)들은 모여서 한참동안 잡담을 나누다가 집에 갈 시간이 되어서야 대충 역할분담을 한다. 물론 정해진 기한까지 일을 해오는 사람은 없다. 인식형(P)들에게 있어서 노동생활이나 군대생활은, 다른 것은 차치하고라도 그것이 요구하는 조직성과 규율성 때문에, 정말로 견디기 힘들다.

실천형(J)과 인식형(P)이 단지 '실천능력'에서 차이를 보이는 것이라면 "그 차이는 왜 쉽게 좁혀지지 않는 것일까?"라는 의문이 제기될 수 있다. 이 문제에 대해 살펴보도록 하자.

실천형(J)은 선순환의 도움을 받아 계속 그 특성이 강화된다. 실천형(J)의 선순환을 그림으로 표시해 보면 다음과 같다.

〈표 2-12〉 실천형(J)의 선순환

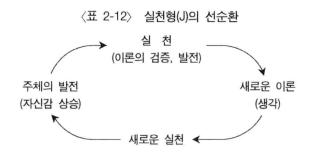

실천은 이론을 검증하고 발전시키는 기준이다. 인식에만 머무르고 실천을 하지 않는다면 이론은 검증되고 발전될 수 없는 것이다. 실천을 해야 머릿속의 생각이 정리정돈되고 이론은 현실화·과학화 된다. 매일같이 앉아서 축구이론만 공부하는 축구선구가 공을 제대로 찰 수 없듯이 인식에만 머무르는 사람은 결코 실천능력을 가질 수 없다. 반복되는 실천적 체험은, 사고를 질서정연하게 체계화시키고 이론의 현실성과 구체성을 강화시켜 준다. 반복적인 연습을 통해 단련된 축구선수의 머릿속에는 '공을 어떻게 차야 하

는지에 대한 생각'이 잘 정리되어 있기 때문에 그 선수는 당연히 골도 많이 넣을 것이다. 이렇게 질서 있게 정돈된 사고는 새로운 실천의 과학성과 성공가능성을 한층 더 높여 준다. 새로운 이론에 기초한 새로운 실천을 반복하는 과정 속에서 실천하는 주체는 점점 더 성장·발전한다. 계획을 세우는 능력 그리고 자기 자신과 환경에 대한 통제력은 더 높아지며 자신감은 상승한다.

인식형(P) 또한 악순환의 영향을 받아 계속 그 특성이 강화된다. 인식형(P)의 악순환을 그림으로 표시해 보면 다음과 같다.

〈표 2-13〉 인식형(P)의 악순환

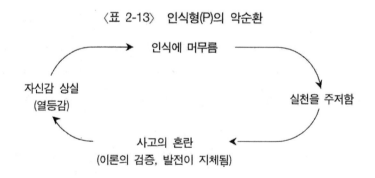

인식은 실천의 필수적 전제이다. 그러나 인식에만 머무른다면 실천을 못하게 될 뿐 아니라 인식능력, 사고능력도

관념화되고 퇴보하게 된다. 인식형(P)은 여러 자극들에 쉽게 주의를 빼앗기기 때문에 실천을 유보하는 경향이 있다. 이런 점도 생각해보고 저런 점도 생각해 봐야 하기 때문이다. 그 결과 이들의 사고과정은 현실감을 잃으면서 점점 더 관념화된다. 생각은 더 혼란스러워지고 복잡해지는 것이다. 어지러운 생각은 실천의 과학성과 성공가능성을 떨어뜨리고 실천속도를 느리게 하며, 행동을 산만하게 만든다. 인식형(P)의 경우 '인식의 혼란과 실천의 유보' 사이를 반복하는 과정에서 자기 자신과 주변에 대한 통제력은 점점 떨어진다. 또한 할 일을 제때 하지 못하기 때문에, 점점 자신감도 떨어지고 열등감까지 느끼게 된다. 인식형(P)이 자신의 성격적 특성을 정확히 이해하고, 악순환의 고리를 끊기 위한 치열한 노력을 전개해야 하는 이유가 바로 여기에 있는 것이다.

실천형(J)이 가지고 있는 실천능력들은 인류의 장구한 실천과정에서 발생하고 발전해온 것으로 보인다.

자연을 개조하려면 주먹구구식 실천이 아니라 계획적인 실천을 해야 한다. 또한 그 실천이 올바른 결과를 낳기 위해서는 자신과 환경을 힘 있게 조절·통제하는 것이 필수적으로 요구된다. 그렇기 때문에 인류는 자연을 개조하는 길에 들어선 이래 반복적인 노동과 실천을 통해 자신의 실천능력을 점차 높여 왔을 것이다.

인류의 실천능력은 사회적 실천과정을 통해 더욱 강화되었을 것이다. 자연과 사회를 개조하는 것은 어느 한 개인의 힘만으로는 이루어질 수 없다. 많은 사람들이 힘을 합쳐야만 하는 것이다. 그렇기 때문에 인류는 사회적 실천, 즉 다수의 힘을 조직하고 동원하는 과정을 통해 조직성과 규율성을 체득하게 되었고 그 결과 자신의 실천능력을 질적으로 더 높은 단계로 끌어올렸을 것이다. 뿔뿔이 흩어진 다수는 모래알과 같기 때문에 이들은 조직화되어야 하며, 질서 없이 움직이는 군중은 힘을 발휘할 수 없기 때문에 규율이 있어야 한다.

조직성과 규율성은 노동자계급이나 군인집단의 중요한 특성이기도 하다. 노동자계급은 정연한 분업체계로 조직화되어 노동규율에 따라 생산활동에 종사하며, 군인들 또한 일사불란한 조직체계를 이루어 엄격한 군율에 따라 생활한다. 이들은 반복되는 노동과정과 군대생활을 통해 조직과 규율의 중요성을 깨닫고 이를 체질화하여 자신의 특성으로 받아들이게 되는 것이다. 당연히 모든 노동자나 군인이 실천형(J)은 아니다. 그러나 적어도 노동생활과 군대생활이 인식형(P)들로 하여금 자신의 실천능력을 높이는 데 크게 도움을 주는 것만은 분명한 사실이다.

실천을 목적으로 하는 모든 집단은 실천형(J)의 특성을 가지고 있으며 자기의 구성원들에게도 이러한 특성을 가질 것을 강하게 요구하고 있다. 노동자계급, 군대, 종교적 수행자 집단, 대기업 등이 모두 이에 해당된다. 기술자가 되려면 공구를 정리정돈하고 기계를 깔끔히 청소하는 것부터 시작해야 하며, 진짜 군인이 되려면 사물함을 단정하게 유지하며 총과 군화를 반짝반짝하게 닦는 것부터 시작해야 한다. 또한 훌륭한 수행자가 되려면, 자기 방부터 깨끗이 치우고 마음을 씻듯이 정성스럽게 빨래를 하며 가지런히 식사를 하는 등, 단아한 생활부터 시작해야 한다. 일을 할 때가 되어서야 공구를 찾고 전투가 벌어졌을 때가 되어서야 총을 찾으며, 더러운 방에 앉아 명상을 한다면 실천은 고사하고 남에게까지 피해를 주게 될 것이다.

인식형(P)의 특성들은 아마도 초기인류의 생활로부터 유래되었을 것이다. 원시인류는 본능에 따라 생활했다. 마치 호랑이처럼 배가 고프면 사냥을 나가고 먹이를 풍족하게 먹으면 늘어지게 잠을 자는 식으로 욕구충족을 위한 생활을 하였을 것이다. 이런 생활이라면 충동성을 억지로 제어할 필요가 없기 때문에 자신을 조절·통제하는 능력이 개발되기 힘들다. 이렇게 이미 자연에 주어져 있는 것을 취하면서 생활했던 '원시적 채집문화'의 흔적은 이후 사회가 발전하면서 생산에서 유리된 지배계급의 부패타락한 한량문화를 거쳐 근·현대에 이르러서는 일부 지식인집단의 룸펜문화로 이어졌을 것이다. 이런 점에서 볼 때, 유목민들보다는 농민들이, 농민들보다는 노동자들이 더 실천형(J)에 가깝다고 할 수 있을 것이다. 농경민의 후예들이 세운 나라들보다는 유목민의 후예들이 세운 나라에서 인식형 문화가 더 자주 발견되는 것도 이와 무관하지 않을 것이다.

〈표 2-14〉 실천형(J)과 인식형(P)

	실 천 (J)	인 식 (P)
목적의식성	높음, 계획적	낮음, 즉흥적
자신에 대한 통제력	목표달성을 위해 자신을 지속적으로 조절·통제함	자신을 완벽하게 조절·통제하지 못함(충동성, 주의력 분산)
환경에 대한 통제력	체계적으로 정리정돈(깨끗함)	산만하고 어지러움(지저분함)
	시간을 계획적으로 사용, 시간약속 잘 지킴	시간을 효과적으로 사용 못함, 시간약속 잘 못 지킴
조직성과 규율성	높음	낮음

(2) 실천능력의 차이로 인해 생기는 특징들

'한 가지를 보면 열 가지를 안다'는 말처럼 실천능력은 다양한 영역에서 실천형(J)과 인식형(P)의 차이를 낳는다.

실천형(J)은 체계적이고 구조적이며 논리적인 사고를 한다. 또한 '최선은 아니라 하더라도 차선을 가지고라도 우선 실천하는 게 중요하다'는 생각을 가지고 있기 때문에 결론을 자신 있게 빨리 내리는 경향이 있다. 반면에 인식형(P)은 파편화된 비구조적인 사고를 하며 결론을 빨리 못 내린다. 그것은 이들이 '혹시 더 좋은 방법이 있지 않을까'라며 다른 가능성을 고려하기 때문이며, 자신감이 부족하기 때문이기도 하다.

실천형(J)은 기승전결이 분명하며, 단호하고 단정한, 논리적인 언어를 사용하는 경향이 있다. '분명히'는 이들이 선호하는 단어 중의 하나이다. 인식형(P)은 비구조적이고 비논리적이며, 모호하고 완곡한 언어를 사용하는 경향이 있다. '아마도', '뭐뭐 한 것 같다'가 이들이 선호하는 언어이다.

실천형(J)은 효율적이며 결론을 이끌어내는 의사소통을 선호한다. 따라서 토론이 옆길로 새는 것을 매우 싫어하며 잡소리가 끼어들면 화를 내기도 한다. 반면에 인식형(P)은 대화과정 그 자체를 즐기기 때문에 자유분방한 의사소통을 선호한다. 결론이 나오지 않거나 대화가 주제를 벗어나 삼천포로 빠져도 크게 개의치 않는다.

실천형(J)은 준비와 마무리를 철저히 하는 반면 인식형(P)은 일을 하다가 그때 그때 준비물을 찾으며 마무리도 철저히 하지 않는 편이다. 다음의 예는 흔히 발견할 수 있는 인식형(P)의 모습이다.

- 설거지나 빨래를 제때 하지 않고 가득가득 쌓아 둔다.
- 여행을 갈 때 통조림은 가지고 가지만 캔 따개를 잊어버려 굶는다.
- 기차역에 도착한 뒤에 기차표를 두고 온 것을 알고는 허둥지둥한다.
- 충전을 제때 안 해놔서 수염을 반만 깎았는데 전기면도기가 꺼진다.
- 화장실에 들어가서 볼 일을 다 봤는데 휴지가 없음을 그때 발견한다.
- 급하게 운전해서 갈 일이 생겼는데 차 열쇠를 찾을 수가 없다.

실천형(J)은 행동을 계획적이고 질서정연하게 하며 그 속도 또한 빠르다. 일을 하는 중에는 잘 쉬지 않으며 한눈도 팔지 않는다. 이런 특징 때문에 실천형(J)은 자신이 세운 계획 속에 다른 것이 끼어드는 것을 싫어한다. 이들은 예정에 없던 약속이 생기거나 다른 사람이 갑작스럽게 방문하는 것을 불편해한다.

인식형(P)은 행동이 산만하고 이것저것 일을 벌인다. 행동은 다소 굼뜬 편이며 일을 하는 중에도 계속 다른 것에 한눈을 판다. 이들은 덤벙대며 부주의한 행동을 자주 하기 때문에, 인식형(P) 어머니가 키우는 아이들은 안전사고의 위험에 빈번히 노출된다. 또한 인식형(P) 아이들을 키우는 부모는, 아이가 또 무슨 짓을 저지를지 몰라, 한시도 걱정을 놓을 수가 없다.

인식형(P)은 꾸준하고 성실하게 한 가지 일을 못하며 중간에 자꾸 다른 일이 끼어들게 한다. 이들은 사람들이 예고 없이 갑자기 방문해도 상관하지 않으며 자신도 예고 없이 다른 사람을 불쑥 찾아간다. 그리고 상대방이 없어서 만나지 못하더라도 그냥 그러려니 한다.

실천형(J)은 성실하게 노동을 하며 휴식보다는 노동을 우선시한다. 노동규율도 철저히 엄수한다. 그러나 인식형(P)은 노동생활을 꾸준히 못하며 다른 직업을 기웃거리는 경향이 있다. 또한 노동보다는 휴식을 우선시하며 노동규율을 자신을 괴롭히는 구속으로 생각한다.

이러한 행동상의 특징들은 두 유형이 인생을 살아가는 데에도 영향을 미친다. 실천형(J)은 인생을 질서 있게 꾸려나간다. 그것은 이들이 장기과제에 강점을 가지고 있기 때문이다. 반면에 인식형(P)은 항상 느긋하게 여유를 부리며, 임기응변에 능한 편이다. 이들은 때로 단기과제를 해결하는 데 비상한 능력을 발휘하기도 한다. 그러나 장기성을 띤 인생을 꾸려가는 데에는 서투르기 그지없다.

실천형(J)과 인식형(P)의 차이는 외모나 옷차림에서도 드러난다. 실천형(J)은 단정하고 깔끔한 외모와 옷차림을 선호한다. 이들은 전반적으로 깨끗한 인상을 풍긴다. 반면에 인식형(P)은 다소 복잡한 디자인을 선호한다.

〈표 2-15〉 실천기능의 차이(J-P)가 만들어 내는 특징들

	실천형 (J)	인식형 (P)
사고방식	체계적이고 구조적이며 논리적인 사고	파편적이고 비구조적인 사고
	결론을 자신 있게 빨리 내림	결론을 빨리 못 내림(다른 가능성을 고려, 자신감 부족)
언 어	기승전결이 분명, 단호하고 단정하며 논리적인 언어를 사용('분명히')	비구조적이고 비논리적인, 모호하고 완곡한 언어('아마도')
의사소통	효율적이고 결론을 이끌어내는 의사소통 선호(토론이 옆길로 새는 것을 싫어함)	자유분방한 의사소통 선호(대화가 주제를 벗어나 삼천포로 빠져도 크게 개의치 않음)
준비성	준비와 마무리 철저함	일을 하다가 그때그때 준비물을 찾음
행동방식	계획적이고 질서정연한 행동	즉흥적이고 산만한 행동('이것을 했다 저것을 했다')
행동속도	신속하다(일을 하는 중에는 쉬지 않음)	행동속도가 느린 편임(일을 하는 중에 계속 한눈을 판다)
노동에 대한 태도	노동을 우선시함, 노동규율 엄수	휴식을 우선시함, 노동규율을 싫어함
외모나 옷차림	단정함과 깔끔함을 추구(깨끗한 인상)	복잡한 디자인을 선호(흐트러진 인상)

(3) 발달단계의 특징

특별히 가르쳐 주지 않아도, 어떤 아이는 어른들이 신발을 항상 가지런히 정리해놓는 것을 보고는 남의 집에 갔을 때 신발들이 널려 있으면 가지런히 정리해 놓는다. 쓰레기를 버리고 오라는 심부름을 시켰는데, 쓰레기장에 가서는 폐품들을 차곡차곡 정리해 놓는 아이도 있다. 필통에 연필을 가지런히 순서대로 꽂아 놓는 아이, 옷의 단추를 항상 채우는 아이, 놀이를 끝낸 뒤에 장난감을 깔끔하게 정리하는 아이, 어떤 행동을 할 때 놀라운 집중력을 발휘하는 아이. 모두 다 실천형(J) 아이일 가능성이 많다.

반면에 아무리 가르쳐도 신발을 제멋대로 벗어놓는 아이, 도무지 한 가지 일에 집중을 못하는 산만한 아이, 항상 물건을 잃어버리는 아이, 부주의해 실수를 반복하고 자주 다치는 아이, 자기가 하던 일을 까맣게 잊은 채 다른 일에 쉽게 주의를 빼앗기는 아이는 대개가 인식형(P)일 가능성이 많다.

그러나 유아기, 아동기 초기(만 10세 이전)의 아이들인 경우에는 유형을 판별할 때 주의를 기울여야 한다. 왜냐하면 이 시기의 아이들은 대부분 인식형(P)처럼 보이기 때문이다.

그 이유는 다음과 같다.

첫째, 인식형(P)의 특성에 비해 실천형(J)의 특성은 다소

늦게 싹이 트기 때문이다. 실천형(J)의 특징인 계획성이나 자신과 환경에 대한 조절·통제능력, 조직성과 규율성 등은 아이의 지적 발달과 일정한 사회생활 경험이 뒷받침될 때 확실히 드러나는 데 반해 인식형(P)의 특성인 즉흥성, 충동성이나 산만함 등은 지적 발달이나 생활경험 없이도 잘 드러나기 때문이다.

둘째, 유아기, 아동기 초기에 실천형(J)-인식형(P)의 차이는 환경의 영향을 많이 받기 때문이다. 이 시기의 아이들은 대부분 부모나 선생님 같은 주변어른들의 모습이나 훈육방침에 의해 크게 영향을 받는다. 부모의 심리적 유형(J-P)에 따라 아이는 지대한 영향을 받기 때문에 실천형(J) 아동이라 하더라도 부모가 모두 인식형(P)일 경우 인식형의 특징들을 나타내며 반대의 경우도 성립된다. 특히 요즘같이 미국식 교육풍토가 지배하는 분위기 즉 아이들을 '알아서 크게 내버려두는 환경'은 대부분의 아이들을 인식형(P)처럼 보이게 만든다.

이런 이유들 때문에 유아기, 아동기 초기의 아이들은 인식형(P)처럼 보이는 것이다. 앞의 논의와 연결시켜 볼 때, 이 시기의 아이들은, 대부분 ENFP(외향-직관-감정-인식)의 성격을 가진 것처럼 보인다는 것을 알 수 있다.

아동기 후기나 청소년기에 들어서면 실천형(J)과 인식형

(P)의 차이가 뚜렷해지기 시작한다. 그러나 앞에서 살펴본 E-I, S-N, T-F에 비해 실천(J)-인식(P)의 유형은 환경의 영향이나 노력의 유무에 의한 변화가능성이 상대적으로 높다. 다시 말해 내향형(I)이 외향성(E)을, 직관형(N)이 감각기능을, 감정형(F)이 사고기능을 개발하는 것은 상당히 어려운 반면 (성인이 된 뒤에 반대 유형의 특성을 개발하는 것은 정말로 어렵다) 인식형(P)이 실천형(J)의 특성을 개발하는 것은 상대적으로 용이하기 때문이다.

실천능력을 개발하는 것이 상대적으로 용이하다는 것의 의미는 무엇일까? 그것은 실천능력을 개발하는 것이 인류 모두에게 제기되는 공통의 과제이며, 끝끝내 자기 인생을 붙잡고 이를 올바르게 이끌어가려고 노력하는 모든 사람에게 제기되는 필수적인 요구라는 것이다.

중년기에 들어서게 되면 인식형(P)의 문제점이 두드러지게 나타난다. 위태위태하게 버텨 오던 이들의 인생은 크게 요동치기 시작하면서 본격적으로 내리막길에 들어서기 쉽다. 이런 점에서 경이로운 천재였던 모차르트가 35세의 나이로 요절한 이유 중의 하나가 인식형(P)이었던 그의 심리적 유형 때문이었다라고 말하는 것은 결코 지나치지 않을 것이다. 인식형(P)에게 있어서 '악순환의 고리'를 끊는 문제가 자신의 인생이 걸린 사활적인 문제로 제기되는 이유가 바로 여기에 있다. 인식형(P)이 자신의 실천능력을 지속적으로 개발하지 못할 경우, 좌충우돌하는 인생을 면할 수 없다고 말한다면 너무 심한 것일까?

건강한 실천형(J)은 일시적으로는 우여곡절을 겪기도 하지만 전체적으로는 가지런하게 인생을 살다 가는 경우가 많다.

(4) 심리적 건강성

외향(E)과 내향(I), 감각(S)과 직관(N), 사고(T)와 감정(F)의 경우 대칭을 이루는 두 유형은 서로가 서로를 보완하는 관계이기 때문에 두 유형간의 '균형'이 심리적 건강성을 결정하는 기준이 된다. 그러나 실천능력의 차이에 의해 구분되는 실천형(J)과 인식형(P)은 상호보완적인 관계라기보다는 '모순'적인 관계에 놓여 있다. 따라서 실천능력을 높이는 것은 모든 사람에게 공통적으로 요구되는 것이지 인식형(P)에게만 해당되는 것이 아니다.

다음은 실천형(J)과 인식형(P)의 건강성을 보여주는 다소 도식화된 그림이다.

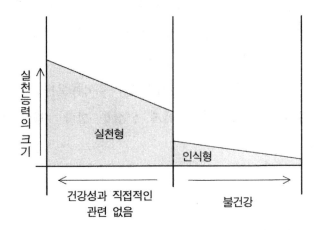

〈표 2-16〉 J-P의 건강성

그림은 실천형(J)과 인식형(P)이 실천능력에서 질적인 차이를 가지고 있음을 잘 보여주고 있다. 또한 그림을 보면 인식형(P)도 어느 정도의 실천능력을 가지고 있는데, 그것은 대부분 생활을 통해 후천적으로 학습된 결과일 것으로 생각된다.

두 유형의 실천능력이 큰 차이를 보이며, 그 차이가 좀처럼 좁혀지지 않는 결정적인 원인은 '실천형(J)의 선순환'과 '인식형(P)의 악순환' 때문이다. 물론 인식형(P) 중에는 처절한 노력을 통해 실천형(J)에 버금가는 실천능력을 가진 사람들이 있을 수 있다. 그러나 일반적으로 두 유형간의 간극은 쉽게 넘나들 수 없을 만큼 크다. 만일 이 세상의 모든 인식형(P)들이 자신의 문제를 용감하게 직면하고 실천능력을 높이기 위한 눈물겨운 노력을 기울이고, 모든 아이들을 어릴 때부터 실천형(J)의 특성을 가질 수 있도록 키우며, 이 세상을 실천형 문화가 지배하게 됨으로써 가정에서도 학교에서도 직장에서도 실천형(J)의 특성들이 지속적으로 강화되는 때가 온다면 두 유형간의 차이는 사라질지도 모른다. 그 때가 되면 우리는 즐거운 마음으로 위의 그림이 틀렸음을 인정하며 새로운 그림을 그리고, 심리적 유형이론을 수정하게 될 것이다. 그런 날이 온다면 얼마나 좋겠는가.

현재로 돌아와서 위의 그림이 가지는 중요한 의미를 살펴보자. 위의 그림은 실천능력을 높이는 것 즉 실천형(J)의 특성을 갖추는 것이 매우 중요하다는 것을 가르쳐준다. 건강한 실천형(J)의 특성들은 다른 심리적 유형들인 E-I, S-N, T-F의 장점은 극대화시키며, 단점은 최소화시키기 때문에 이를 개발하는 것은 정말로 중요한 문제임을 다시 한 번 강조하고 싶다.

물론 실천형(J)이라고 해서 다 같은 것은 아니다. 이 유형 내에서도 실천능력의 편차는 크게 나타난다. 또한 실천형(J)도 심리적 병에 걸리면 건강성을 상실한다. 다만 이들의 경우 인식형(P)의 특성을 가지지 못해서 심리적 병에 걸리는 것은 아니다. 실천형(J)의 특성이 강화되는 것은 실천능력을 높일 뿐 심리적 병과는 직접적인 관계가 없다. 따라서 실천형(J)에게 있어서 심리적 병은, 실천형-인식형(J-P) 간의 불균형에 의해서가 아니라, 다른 외부요인들로부터 온다.

실천형(J)이 정서적 문제를 가지고 있을 경우 지나치게 긴장하거나 경직되어 융통성을 발휘하지 못하고 고지식해질 수 있다. 강박증에 걸릴 경우에는 걸레를 들고 방을 닦고 또 닦거나, 식당에서 밥을 먹을 때 완벽하게 짝이 똑같은 젓가락을 찾아내지 못하면 식사를 하지 못하는 등의 행동을 할 수도 있다.

인식형(P)의 건강성은 실천형(J)과는 다른 양상을 보인다. 이 유형의 건강성은 실천형(J)의 특성을 얼마나 많이 보유하고 있는가에 의해 규정된다. 그렇기 때문에 실천형(J)의 특성을 더 많이 가진 인식형(P)이 그 특성을 적게 가진 인식형(P)보다 상대적으로 더 건강하다고 말할 수 있다.

인식형(P)은 일의 우선순위를 잘 지키지 않으며, 업무를 최종기한 내에 끝내는 경우가 드물기 때문에 함께 일하는 사람들을 괴롭게 만든다. 또한 그것 때문에 사회생활에서 좋은 평가를 받지 못한다. 또한 정리정돈과는 담을 쌓은 채 자기 공간을 복잡하게 어질러 놓으며, 할 일을 자주 빼먹거나 깜빡 잊어버리는 일이 빈번하다. 그러나 이들에게 있어서 가장 큰 문제로 되는 것은 주의집중을 못하는 것과 충동성을 억제하지 못하는 것이다. 이런 점에서 **ADHD** (Attention Deficit Hyperactivity Disorder : 주의력 결핍 및 과잉행동 장애) 진단을 받은 사람과 인식형(P)은 밀접한 상관관계가 있을 것으로 생각된다.

인식형(P)은 육체적 건강에도 주의를 기울여야 한다. 병이 깊은 사람들의 경우 약을 잘 먹어야 하며 건강을 유지하기 위한 여러 규칙도 성실히 지켜야 한다. 그러나 인식형(P)들은 약을 제때에 꼬박꼬박 챙겨먹지 못하는 등, 자기 건강을 지속적으로 관리하지 못하기 때문에 병이 악화되는 경우가 많다. 또한 자기 통제력이 부족하기 때문에 건강을 유지하지 못해 안 걸려도 될 병에 걸리기도 한다. 단명하거나 병을 달고 살 위험성에 끊임없이 노출되어 있는 것이다.

주의력결핍·과잉행동장애의 DSM-Ⅳ 진단기준

A. (1) 혹은 (2) 가운데 한 가지 이상 포함되어야 한다.
(1) 아래 주의력결핍 증상들 중 6개 이상이 발달상 일치하지 않는 부적응으로서 최소한 6개월 이상 지속된 경우
부주의
① 학교과제나 공부 혹은 다른 활동시에 부주의한 실수를 하거나 흔히 관심을 기울이지 않는다.
② 해야 할 일이나 놀이활동에 오랫동안 집중하기가 어렵다.
③ 남이 자기에게 하는 말을 듣지 않는 것 같다.
④ 지시를 끝까지 따르지 않고, 숙제나 집안일을 끝내지 못하거나 아니면 해야 할 의무를 다하지 못한다.

⑤ 할 일이나 활동을 체계적으로 해나가지 못한다.

⑥ 학교공부와 같이 꾸준한 정신적 노력이 요구되는 과제 수행을 꺼리거나 혹은 싫어하고 피하려 한다.

⑦ 활동이나 과제에 필요한 장난감·학교숙제·학용품·책 등과 같은 물건들을 자주 잃어버린다.

⑧ 외부자극에 의해 쉽게 산만해진다.

⑨ 매일 하는 일을 잘 잊어버린다.

(2) 아래 과잉행동/충동성 증상들 중 6개 이상이 발달상 일치하지 않는 부적응으로서 최소한 6개월 이상 지속된 경우

과다활동

① 앉아서도 자주 손·발을 가만두지 못하고 몸을 뒤튼다.

② 교실이나 아니면 앉아 있어야 할 곳에서 자주 자기 자리를 벗어난다.

③ 앉아 있어야 할 필요성이 있는 상황에서도 흔히 주위를 돌아다니거나 과다하게 기어 올라간다(청소년기 또는 어른의 경우는 못 견디는 느낌으로 될 수 있음).

④ 놀이나 레저활동을 조용히 수행하지 못한다.

⑤ 마치 엔진이 불붙은 것처럼 행동하거나 쉴 새 없이 서성댄다.

⑥ 지나치게 말이 많다.

충동성

① 흔히 질문이 끝나기도 전에 대답이 불쑥 튀어나오곤 한다.

② 차례를 기다리기가 어렵다.

③ 대화나 게임에 끼어들듯이 참견하거나 다른 사람을 방해한다.

B. 몇 가지 과잉행동/충동성 또는 주의력결핍이 7세 이전에 기능장애로 존재했다.

C. 몇 가지 증상은 두 곳 이상의 장소에서 발견된다.(예 : 학교/직장/가정)

D. 직업상 수행이나 학업, 또는 사회생활에서 임상적으로 상당한 장애라는 분명한 근거가 있어야만 한다.

E. 전반적 발달장애, 정신분열병, 기타 정신장애 중에 발생하는 것은 아니며, 다른 정신장애(예 : 기분장애, 불안장애, 해리성 장애, 성격장애 등)로는 잘 설명되지 않는다.

(『정신의학 제4판』, 이정균·김용식 편저, 일조각, 525쪽)

(5) J-P와 문화

실천형 문화는, 실천을 통해 이루고자 하는 목적과 상관없이, 실천을 중시했던 사회적 집단에서는 거의 모두 발견된다. 기독교나 불교 등의 종교적 수행자 집단, 군대, 기업, 노동자 계급 등 생산대중 속에서 모두 발견된다. 또한 한국의 전통적인 예절문화나 사대부문화, 선비문화 등에서도 이를 찾아볼 수 있다.

인식형 문화는 생산에서 유리된 지배계급의 유희문화나 타락한 지식인들의 룸펜문화 등에서 발견된다. 미국을 한 때 떠들썩하게 만들었던 히피 문화 또한 인식형 문화의 한 예이다.

인식형 문화를 대표하는 사상은 서구의 급진좌파들이 신봉했던 무정부주의(無政府主義 : Anarchism)라고 할 수 있다. 무정부주의는 간단히 말하자면 모든 정치조직·권력·규율·사회적 권위를 부정하는 사상 및 운동이라고 할 수 있다. 이 사상은 자유, 평등, 정의, 형제애의 실현을 목적으로 한다는 점에서 진보성을 가장하고 있지만 실제에 있어서는 일체의 조직이나 규율을 거부함으로써 민중의 실천능력을 파괴하는 반민중적인 사상이다.

제 3 장
16가지 성격

"성격이란 사람의 근원적인 심리적 특성을
결정짓는 타고난 심리적 유형이다."
심리적 유형은 선천적으로 타고나는 것이기
때문에 환경이 어떻게 바뀌든 간에
상관없이 사람의 심리적 특성을 규정한다.
인류가 등장한 이래 지금까지, 전세계의
모든 사람들은 16가지 심리적 유형 중
하나를 가지고 태어난 것이다.

우리는 지금까지 쌍을 이루는 8가지의 심리적 유형,
즉 E-I(외향형-내향형), S-N(감각형-직관형), T-F(사고형-감정형),
J-P(실천형-인식형)에 대해 살펴보았다. 모든 사람은 쌍을 이
루는 심리적 유형들 중에서 한 가지를 가지기 때문에 결과
적으로는 4가지의 심리적 유형을 갖게 된다. 따라서 사람의
심리적 유형은 ESTJ나 INFP 등으로 표시할 수 있다.

1. 심리적 유형들의 결합

각각의 심리적 유형이 가지는 특성은 강력한 힘을 발
휘하기 때문에 다른 심리적 유형과 결합된다고 해서 자기
특성을 잃어버리는 일은 없다. 즉 ESTJ의 경우에 외향형
(E)-감각형(S)-사고형(T)-실천형(J)이 가지는 각각의 특성은 여
전히 살아 있는 것이다. 그러나 '전체가 단순한 부분의 합'

이 아니듯이 심리적 유형의 결합은 각각의 심리적 유형이 가지는 특성으로는 설명되기 힘든 자기만의 고유한 특성을 만들어 내기도 한다. 예를 들어 수소분자(H) 두 개와 산소분자(O) 한 개가 결합하면 물(H_2O)이 되는데 물은 수소분자나 산소분자가 가진 특성과는 전혀 다른 특성을 가지게 된다. 즉 수소나 산소는 불에 잘 타는 특성이 있지만 물은 전혀 반대의 특성을 가지는 것이다.

심리적 유형의 결합은 개개의 유형이 가지는 특성과 완전히 반대되는 특성들을 만들어 내지는 않지만 적어도 개개의 유형이 가지는 특성을 기계적으로 결합시키는 것 이상의 새로운 특성을 만들어 내는 것은 분명하다. 즉 ET의 경우 E(외향형)의 특성과 T(사고형)의 특성을 단순히 합한 것 이상의 새로운 특성을 가질 수 있다는 것이다. 그렇기 때문에 우리는 8가지의 심리적 유형이 가지는 특성뿐만이 아니라 심리적 유형의 결합이 만들어 내는 새로운 특성들도 살펴보아야 한다.

여기에서는 우선 2가지 심리적 유형의 결합이 만들어 내는 특징을 몇 가지만 살펴볼 것이다. 3가지 유형의 결합도 살펴보면 좋기는 하겠지만 지면관계상 생략하겠다. 이는 여덟 가지 심리적 유형의 특성을 잘 알게 되면 큰 어려움 없이 추론이 가능할 것이다. 그리고 앞으로는 기술의 편의를 위해 영어 약자를 우선적으로 사용하게 될 것이다.

(1) ET(외향적 사고형)

> E(활발함, 사교성) + T(공정함, 논리성) = 주도적 역할

활동적인 경향의 ET는 사람들 속에서 주도적 역할을 하는 경우가 많다. 사회생활에 잘 적응(E)하는데다가 논리력과 공정한 판단능력(T)을 가지고 있기 때문이다. 따라서 이들은 사람들을 주도적으로 이끄는 리더(Reader) 역할을 하는 경우가 많다.

ET는 또한 지식을 탐구하는 데서 실증주의적 경향을 띤다. 이들은 외부자극을 중요시(E)하기 때문에 객관적 사실을 우선시하며 자료와 경험을 중시한다. 그 결과 지식의 확장에 기여하게 된다. 이들의 지식은 백과사전처럼 확장되는 경향이 있다.

ET의 가장 큰 약점은 감정의 미숙성(T의 약점)이다. 감정의 미숙성은 ET와 IT가 공유하는 약점이기도 하다. 이들은 논리력이 있는데다가 입 바른 소리를 거침없이 하는 편이어서 종종 주위 사람들을 힘들게 만든다. 그 결과 자기중

심적이며 독선적이라는 평가를 받기도 한다.

(2) EF(외향적 감정형)

> E(활발함, 사교성) + F(사람, 관계 중심) = 사교의 왕
> E(솔직한 표현) + F(감정에 민감) = 솔직한 감정표현,
> 뛰어난 정서적 반응능력

EF는 사교계의 왕이다. 쾌활하고 활발하며 천성적으로 사람과 교류하는 것을 좋아한다. 솔직한 감정표현능력과 정서적 반응능력으로 사람들 사이를 주름잡고 다닌다. 이들은 너무도 쉽게 친구를 사귀고(때때로 I들은 이들을 이해하기 힘들어한다) 사람들을 즐겁게 하는 것을 좋아하며, 분위기를 띄우는 능력이 뛰어나다. 오락판의 흥을 돋우는 사람들은 EF들이며, 춤판이 벌어지면 가장 먼저 뛰어나가 덩실덩실 춤을 추는 것도 바로 그들이다.

'TV는 EF들로 꽉 차 있다.' 거의 모든 연예인들은 EF이며 생방송 인터뷰 같은 데 등장하는 사람들도 거의 EF이다. (I들은 재미가 없어서 인터뷰에 응해도 잘리는 경우가 많다.) 쇼프로의 방청석을 가득 메운 사람들의 대다수는, EF들과 이들이 끌고 온 친구들이며, 카메라를 들이대면 손으로 V

자를 그리며 팔짝팔짝 뛰는 것도 EF들이다.

EF는 객관적인 감정에 순응하는 경향이 있다. 주위사람들의 감정에 가장 민감한 유형이기 때문에 '집단감정'에 잘 오염되는 것이다. 이들은 대부분의 사람들이 "좋다, 아름답다"고 말하면 자신도 진심으로 그렇게 느낀다. 이런 점에서 EF들이야말로 유행이나 신드롬의 창조자이며, 문화사업의 기초가 되는 사람들이라고 할 수 있을 것이다.

EF는 사색이 부족한 편이다. 어쩌면 사람들과 즐겁게 지내느라 사색할 시간이 없다고 말하는 것이 정확한 표현일지도 모른다. 이들은 특히 철학적 사고 같은 것에는 약점을 보이며 귀찮아하기도 한다.

EF병이라고 할 수 있을 만큼 이들에게 문제로 되는 것은 '감정과잉'이다. 이들은 보통 사람들이라면 그냥 씩 하고 미소를 지을 일에도 "어머, 어머, 정말이야?"라고 소리를 질러대며 깡충깡충 뛴다. 이런 점 때문에 EF들은 다른 사람들로부터 "호들갑 좀 떨지 마"라는 핀잔을 자주 듣는다.

(3) I F (내향적 감정형)

> I(조용함, 사색능력) + F(사람·관계 중심, 공감능력)
> = 온화함, 공감능력

IF는 내향답게 조용하며 온화하고 따뜻한 사람이다. 이들은 공감능력(I는 F의 공감능력을 더 강화한다)이 뛰어나 타인의 정서나 의도를 그 본인이 인식하기도 전에 파악하기도 한다. IF는 타인을 조종하거나 영향력을 행사하려고 하지 않기 때문에 설교나 강요를 하지 않는 편이다. 단지 자신의 내면적 기준에 따라 생활함으로써 다른 사람들에게 영향을 미칠 뿐이다. 이러한 특성 때문에 IF는 매우 인자하고 너그러워 보인다. 사람들의 기억 속에 아련히 남아 있는, 항상 조용히 계시며 넉넉한 품으로 우리를 품어 주었던 할아버지, 할머니의 모습이야말로 IF의 전형이라 할 수 있다.

IF들은 자기 속을 잘 표현하지 않으며 다른 사람들의 마음을 신경 쓰느라 말도 조심해서 한다. 그렇기 때문에 사람들은 이들을 사귀기 힘들며 이해하기도 힘든 사람으로 생각하기도 한다. 이들은 종종 '속을 알 수 없다'는 지적을 받기도 한다.

IF가 가지는 최대의 약점은 '감정을 속으로 쌓아두는

것'이다(IF병이라고 할 만하다). 즐거운 감정만 쌓인다면 상관 없겠지만 IF는 화도 속으로 쌓아 둔다. 그렇기 때문에 이들은 화병(속이 상하는 병)에 가장 잘 걸리며, 참고 참았던 화가 폭발적으로 터져 나올 때는 제어가 불가능한 경우도 있다. 평소에는 법 없이도 살 것 같은 얌전한 남편이 술을 먹고 와서는 아내를 마구 때린다면 그 사람은 IF일 가능성이 많다. 이들은 화가 났을 때 가장 잔인한 모습을 보이는 유형이기도 하다.

이런 점에서 "잠자는 사자의 코털을 뽑지 말라, 얌전한 사람을 화나게 하지 말라."는 말은 IF를 화나게 하지 말라는 의미일 것이다.

참고삼아 말하면, 무의식과의 교감능력이 가장 뛰어난 유형은 INF이다. 그렇기 때문에 이들은 '냄새'를 잘 맡으며 꿈도 잘 꾼다. INF가 뛰어난 무의식과의 교감능력을 가지고 있는 이유는 아래의 표를 보면 이해가 될 것이다.

I (무의식과의 교감) + N (무의식에 기초한 인식) +
F (감정 : 무의식의 영향을 많이 받음)
= INF (무의식과의 교감능력을 크게 증폭시킴)

(4) ES(외향적 감각형)

> E(외부자극에 민감) + S(어떤 자극도 놓치지 않음)
> = 외부자극에 대한 민감성을 증폭시킴

ES에게는 자극을 감지하는 능력이 비상하게 발달되어 있다. 이들은 그 어떤 외부자극도 놓치지 않는다. 그러나 이러한 특성 때문에 이들은 외부 자극이나 자료에 압도당할 가능성이 있다. 이들은 외부자극을 처리하기에도 바쁘기 때문에 사색을 할 시간이 거의 없다. 만일 사색을 하려면 깨끗하고 조용한 장소에서 눈을 감고 있어야 할 것이다. 명상훈련 같은 것이 도움이 될 수도 있다.

ES는 경험주의자이다. 이들은 항상 객관적인 사실, 객관적인 자료 등을 중시한다. E(외향형)이기 때문에 외부자료를 중시하고 S(감각형)이기 때문에 구체적인 사실에 주목하기 때문이다.

ES는 현실주의자인 경우가 많다. 외부자극에 지극히 민감하기 때문에 현실을 놓치는 경우란 거의 없으며 최신유행도 놓치지 않고 쫓아다닌다. ES는 처음 만나는 자리에서도 "야! 그 신발 참 예쁘네"라고 말하며, ES 어린이는 친한 어른에게 "아줌마, 새 귀걸이 했네요?"라든가 "아저씨, 그

옷 참 멋있네요"라고 말하며 새로운 자극에 민감한 반응을
보인다.

그렇기 때문에 ES 중에는 미식가나 탐미주의자처럼 좋
은 취미를 가진 사람이 많다. 다만 이들이 자신의 충동성을
억제하지 못할 경우에는 물욕의 포로가 될 수도 있다.

(5) IS (내향적 감각형)

> I (사색능력) + S (구체적이고 치밀한 감각)
> = 치밀한 분석능력

IS는 객관적 외부자극들을, ES처럼 대량으로 빨리 받아
들이지는 못하지만, 자신의 주관을 통해 충분히 소화를 시
키면서 꼼꼼하게 받아들인다. 이들은 특정 자극을 섬세하고
깊이 있는 지각능력을 통해 증폭시키기 때문에 외부자극을
정밀하고 정확하게 받아들이는 데서 ES보다 뛰어난 편이다.
그렇기 때문에 이들은 날카로운 눈을 가진 치밀한 분석가
처럼 보인다.

IS는 자신의 뛰어난 감각기관을 통해 외부자극을 부지
런히 흡수하며, 그것을 내면적으로 치밀하게 분석하지만,

ES처럼 외부자극에 압도당하지는 않는다. I라는 거름망이 있기 때문이다.

(6) EN(외향적 직관형)

> E(외부자극에 민감) + N(가능성에 주목) = 가능성 발견

ES가 외부세계의 '객관적 사실'을 정확하게 파악하는 능력이 뛰어나다면 EN은 외부세계의 '가능성'을 파악하는 능력이 뛰어나다. 이들은 가능성을 발굴하는 데 뛰어난 재능을 가지고 있기 때문에 E(외향성)에 의해 수집된 외부자료를 N(직관력)을 이용해 분석한다.

그렇기 때문에 이들은 "무슨 사업이 장래성이 있나?" 혹은 "앞으로 경제상황이 어떻게 돌아갈까?"라는 등의 문제에 대해 정확한 예측능력을 근거로 자신 있게 대답한다.

이들은 E(활기 있고 활동적임)이기 때문에 미래의 가능성을 실현하는 창조활동에 적극적으로 뛰어든다. 이런 점에서 IN보다는 더 실천적이라고 말할 수 있다. 자신이 확신하는 가능성을 향해 달려갈 때는 피곤을 모르는 정열을 발휘하기 때문에 이들은 종종 '미래의 창조자'로 평가되기도 한다.

(7) IN(내향적 직관형)

> I (사색능력) + N (추상화 능력, 이론능력)
> = 사색가, 이론가

IN은 내향형(I)이기 때문에 EN과는 달리 객관적인 사실 그 자체보다는 그것이 가지는 주관적 '의미'를 더 중요하게 생각한다. 또한 구체적인 현실에 있어서의 가능성보다 정신세계에 있어서의 가능성에 더 관심이 많다.

IN이 가진 I(내향성)의 특성들, 즉 내면세계에 대한 관심이나 사색능력 등은 이들의 직관기능을 증폭시킨다. 따라서 IN은 EN에 비해, 무의식의 활용능력이 더 뛰어나다. 이들 중에 광야의 예언자라 불리는 종교적 예언가, 무당, 선지자, 예술가, 시인, 신비주의자들이 많은 것은 이런 이유 때문이다. 당대에 인정받지 못했던 많은 천재들도 대부분이 유형이다.

IN은 현실감을 상실할 가능성이 많다. 이들은 현실감각을 유지하게 해주는 E(외부세계 지향)와 S(현실감각)의 반대유형이기 때문에, ES의 특성이 제대로 개발되지 않으면, '현실감'이 심각하게 훼손될 수밖에 없다. 그러면 바로 자기만의 세계로 들어가 그곳에 스스로 갇혀 살아가게 된다.

신(神)기가 있지만 현실을 유지할 수 없는 사람이나 정신분열중에 걸린 사람은 거의 IN으로 보아도 무방할 것이다.

(8) ST(감각 사고형)

> S(구체적이고 치밀한 인식능력) + T(논리성, 객관적 판단능력) = 무오류에 도전

ST는 정말로 꼼꼼하고 치밀하며 논리적인 사고를 한다. 이들이야말로 무오류, 무결점에 도전(J까지 결합된다면 더 이상 무엇을 바라겠는가)하는 실무형 일꾼들이다.

이들에게 일을 맡길 때는 정말로 안심해도 된다. 적어도 황당무계한 생각을 하지는 않을 것이며, 치명적인 실수도 하지 않을 테니까.

그러나 ST에게 뛰어난 이론능력이나 통찰력(N)까지 기대하는 것은 다소 무리일 것이다.

(9) NT(직관 사고형)

> N(직관력, 이론화 능력) + T(논리성, 이론에 관심) = 이론가, 전략가

NT는 지성을 가장 중요시하는 예리한 지성의 소유자이다. 모든 유형 중에서 지적 욕구가 가장 강하며 특히 법칙이나 개념에 특별한 관심을 가진다. 이들은 사람보다는 이론을 지향(T)하기 때문에 자연과학이나 수학 등 이공계열에서 특출한 재능을 발휘한다. NT는 끊임없이 새로운 것을 배우려 하며 지적으로 매우 개방적이다. 사회적으로 금기시되는 이론이라 하더라도 그것이 진리라고 생각되면 주저없이 받아들인다. NT의 이러한 특성은, 그들이 인류의 지식축적에 크나큰 기여를 하게 만드는 원동력이다.

그리스 신화에 나오는 '프로메테우스'는 NT의 전형으로 간주되고 있다. 신화의 내용을 보면 프로메테우스는 당시의 인류가 불이 없어 고생하는 것을 보고는 신의 명령을 무시하고 신으로부터 불을 훔쳐 인류에게 갖다 준다. 불을 이용할 수 있게 된 인류는 크게 발전하였으나 프로메테우스는 신의 명령을 어긴 죄로 쇠사슬에 묶인 채 독수리로부터 간을 쪼아 먹히는 형벌을 받게 된다. 죽을 수도 없는 불사의 몸을 가진 프로메테우스의 간은 계속 자라나 다시 독수리의 먹이가 되었다. 극심한 고통에도 불구하고 프로메테우스는 자신이 한 일에 대해 후회하지 않는다. 이 신화는 NT가 비판적 지성으로 기성권위에 저항하는 모습을 잘 보여주고 있다. 인류사회를 들었다 놓았던 NT인, 마르크스

(Karl Marx)가 프로메테우스를 숭상했던 것도 우연은 아닐 것이다.

　프로메테우스가 불굴의 의지로 신에게 저항했던 것처럼, NT는 자기 이념이나 이론을 실현할 때까지 거침없이 밀어붙이는 강한 힘을 가지고 있다. 그는 자신이 옳다고 생각하는 한 기성권위나 협박에 의해 쉽사리 흔들리지 않으며 다른 사람의 눈치를 보지도 않는다.

　NT는 스스로 설정한 자기 기준이 높으며 이에 근거해 항상 자기를 검열한다. 이들은 자기만족을 잘 모르기 때문에, 타인이 그들을 평가하는 것보다 항상 자신을 낮게 평가하는 경향이 있다. 이렇게 NT가 동일한 실수를 용납하지 않으며 자기비판적 성향을 보이는 것은 그들이 좀처럼 만족할 줄을 모르며 끊임없이 '완벽주의를 추구'하기 때문이다. 이들은 많은 경우 자기 기준에 근거해 다른 사람에게도 높은 기준을 요구함으로써 주위사람들을 힘들게 만들기도 한다.

　NT는 분명하고 정확하며 간결하고 논리적인 언어를 구사한다. 또한 이들은 눈치를 보지 않고 누구에게나 거침없이 말을 하는 편이다. 사열을 나온 장군이 지나가는 말로 병사들에게 "혹시 할 말이 있으면 해보라"고 했을 때, NT를 앞줄에 세워 놓는다면, 곤란한 일이 생길 수도 있다.

NT는 개성이 강하고 인구분포로 볼 때 매우 희귀하기 때문에 사람들로부터 많은 오해를 받는다. NT 어린이는 말문이 트이면서부터 연속적인 질문을 던져 댐으로써 어른들을 곤란하게 만들기도 한다.

NT의 최대 약점은 역시 정서, 감정영역의 미숙함이다. T(사고형)의 약점인 감정의 미숙성은 N(직관형)의 약점(구체성, 치밀함 부족)에 의해 증폭된다. 이들은 자신의 감정조차 파악하지 못할 때도 있으며 다른 사람들의 정서적 반응에 대하여 혼란스러워한다. 어떤 NT 어린이는, 잘못을 범해 담임 선생님으로부터 회초리를 몇 대 맞은 친구에게, "체벌은 법으로 금지됐으니까 선생님을 경찰에 신고해"라고 말했다가 문제가 되었다. 그러나 이 아이는, 법대로 하자고 했는데 사람들이 왜 자기보고 잘못했다고 하는지, 도무지 이해를 하지 못했다. 감정의 미숙성은 NT가 다른 사람들로부터 차갑고 이해하기 힘든 사람이라는 평을 받게 한다.

NT는 열등기능인 SF(감각-감정) 기능을 제대로 개발하지 못하면 창백한 수재나 순진한 책벌레가 될 수 있다. (INT가 특히 위험하다.) 또한 이들이 추상적인 개념의 세계에서 빠져나오지 못할 경우에는 좋은 선생도 될 수 없다. 이들은 머릿속에 든 것은 있지만 학생의 심리를 잘 모르며, 자기가 아는 것을 대중적인 언어로 설명하는 데 서투르기 때문이다. 학생들에게 자기가 아는 것을 전달하기 위해 끙끙대기는 하지만 알아들을 수 없는 개념만 나열하는 대학교수는 NT일 가능성이 많다.

NT는 사람과의 교류에는 별 흥미가 없으며(ENT보다 INT가 더 비사교적임), 복잡한 인간관계에 대해서는 전혀 민감하지 못한 경우가 많다.

NT는 현실감각을 강화하기 위해 외향성(E)과 감각기능(S)을 강화해야 하며 감정의 미숙성을 극복하기 위해 감정기능(F)을 개발해야 한다. 심리적 건강성을 상실한 NT는 현실세계에서 유리되어 자기 혼자만의 지적인 세계에 파묻히게 될 위험성을 경계해야 한다. 대학교 같은 지식인들의 공동체나 불가(佛家) 같은 공동체처럼, 직관형(N)이 상대적으로 많이 모여 있는 집단이, 현실성과 대중성을 개발하는 데 많은 노력을 기울여야 하는 이유 중의 하나가 여기에 있다. 만일 N(직관형)끼리는 잘 통할지도 모르지만 S(감각형)에게는 고문일 수도 있는 '선문답'을 지나치게 남발한다면 인구의 절대다수인 S(감각형)를 포교하는 데는 불리할 것이다. NT가 끼리끼리 모여 있을 때, 그들만의 특유한 말장난을 즐기기도 하는 것은, 그들이 복잡하게 얽힌 개념들과 약간 뒤틀린 표현에 매료되는 경향이 있기 때문이다.

(10) NF(직관 감정형)

> N(직관력, 이론화 능력) + F(사람, 감정 중심)
> = 이상주의자

NF는 열정적인 이상주의자이다. 이들은 '의미'가 있다고 생각하는 일에 열정적으로 몰입한다. 모든 유형 중에서 가장 낭만적인 사랑을 꿈꾸기 때문에 '로미오나 줄리엣'의 주인공들처럼 사랑을 위해서는 목숨까지 바치기도 한다. 인류는 NF들의 이상주의적이고 낭만적인 사랑을 부러워하며 찬양해왔는데 그것은 이 유형이 매우 드물기 때문에 이상주의적인 사랑 또한 구경하기 힘들었기 때문이다. "비가 새는 판잣집에 새우잠을 잔대도, 고운 님 함께라면 즐거웁지 않더냐"라는 노래는 절대 빼앗길 수 없는 NF만의 18번인 것이다.

NF는 호기심이 많고 개방적이며 미래지향적이기 때문에 진보적 사상을 빨리 받아들이는 편이다. 개방적이고 미래지향적인 태도는 NT의 특징이기도 한데, 이들은 NF와는 다른 기준에서 진보적 사상을 빨리 받아들인다. 즉 NT의 경우에는 '진리성' 때문에 NF의 경우에는 '도덕성' 때문에 진보적 사상을 빨리 수용한다.

NF의 관심은 NT처럼 이론이나 사물에 있는 것이 아

니라 사람이나 관계에 있다. 이들은 풍부한 감성과 사람관계에 대한 통찰력을 가지고 있기 때문에 다른 사람의 감정이나 정서를 예리하게 포착하는 능력을 가지고 있다. 공감능력이 뛰어난 NF는 사람과의 관계를 중시하며, 그 관계로부터 상처도 많이 입는다.

NF는 언어능력이 뛰어나다. 이들은 비유능력이 뛰어나며 사람의 감정을 건드리는 언어를 잘 사용하기 때문에 상대방의 심금을 울리는 경우가 많다. NT가 논리로 상대방을 설득한다면 NF는 정서적 감화력으로 상대방을 설복한다.

지적 능력이 뛰어난 NF는 뛰어난 이론화 능력(N)을 가지고 있으며 사람에 대한 관심(F)이 크기 때문에 인문·사회과학이나 종교분야에서 특출한 재능을 발휘한다. 또한 이들은 번뜩이는 영감과 직관력(N)에 더해 풍부한 감정능력과 미학(美學)적 판단능력(F)도 가지고 있기 때문에 문화·예술분야에서도 뛰어난 활약을 한다. 반면에 장사나 자연과학 등에는 별 관심이 없는 편이다.

NF의 가장 큰 약점은 자의적 해석과 주관주의라 할 수 있다. F의 약점(객관성 부족, 감정에 따른 자의적 판단)에 N의 약점(현실감 부족)이 더해지기 때문에 NF의 주관주의는 매우 심각한 상황까지 치달을 수도 있다. 여기에 P(인식형)의 특성까지 결합되면 정말 감당하기 힘든 결과를 낳기도 한다.

다음의 표는 NT와 NF의 특징을 비교한 것이다.

〈표 3-1〉 NT와 NF의 비교

	NT	NF
공통점(N)	가능성에 주목, 미래지향적, 통찰력, 직관력, 이론화 능력	
주 관심사	진리(개념, 논리, 법칙)	사람(관계)
전문분야	이·공계열에 강점(수학, 자연과학)	인문·사회과학, 종교, 예술분야에 강점(사람을 포함한 사회현실)
언 어	감정이 배제된 이론적이고 논리적인 언어(논리로 타인을 설득)	정서적이고 상상력이 풍부한 언어(타인의 감정에 호소해 공감을 이끌어냄)
새로운 사상의 수용(개방적)	진리성이 인정되면 수용	감동(휴머니즘, 도덕성)을 받으면 수용
기타 특징	엄격한 자기기준, 지적 욕구	타인의 감정을 예리하게 포착
단 점	감정의 미숙성, 비사교성	자의적 판단, 주관주의

(11) SP(감각 인식형)

S(오감을 통한 세밀한 인식) + P(충동성) = 쾌락주의

SP는 쾌락주의자라고 할 수 있다. 이들은 외부자극에 매우 민감한데다가 충동적이어서 유혹을 잘 이기지 못한다. 외부자극을 마음껏 즐기려고 하는 이들의 특성은 건전하게 쓰이면 자연을 찬찬히 여유 있게 즐기는 모습으로 나타나기도 하며, 나쁘게 쓰이면 성적 유혹에 미련 없이 굴복하는 것으로 표현되기도 한다.

S(현실주의자) + P(충동성) = 물욕

SP는 외부자극을 놓치지 않는 현실주의자(S)이며 충동성을 잘 억제하지 못하는 특성(P)을 가지고 있다. 그런데 자본주의사회의 세속적인 자극은 너무 강력해서 이들을 세속주의자로 만들기가 쉽다. 이들은 물욕의 포로가 되어 자본주의가 내뿜는 자극을 좇는 데 평생을 허비하기도 한다.

SP는 낙천주의자이다. 이들의 관심은 철저히 현실(S)에 있으며, 그날 그날을 즐기며 계획성 없이 살아가는 특성(P)을 가지고 있기 때문에 미래를 무시하고 위기를 가볍게 생각하는 경향이 있다. 오늘을 즐기는 데 관심이 쏠려있는 SP에게 미래를 생각할 겨를은 없는 것이다. 그래서 이들은 다른 사람들에 의해 '대책 없는 낙천주의자'로 비판받기도 한다.

SP는 자신의 즐거움을 방해하는 것은 모두 속박으로 여기기 때문에 규율이나 규칙 등을 싫어하며 꾸준히 일을 하지도 못한다. 단, 즐기면서 일할 수 있다면 그런 일은 예외로 될 것이다.

(12) SJ(감각 실천형)

> S(구체적이고 치밀한 인식) + J(계획성, 자기통제력, 조직성과 규율성) = 성실한 일꾼

SJ는 꼼꼼하고 성실한 실무형 일꾼이다. 이들은 어떤 자극이나 자료도 잘 놓치지 않으며 현실에 발을 튼튼히 붙이고 성실하게 일한다. 이들은 어떤 일을 시작하기 전에는 치밀한 준비를 하며, 일을 시작해서는 모든 노력을 기울여 성실히 임한다. 마무리도 철저히 하며 자신이 한 일에 대해서는 반드시 책임을 지려고 한다.

SJ는 의무감이나 책임감이 매우 강하며 매사에 성실하다. 건강한 SJ 어머니를 둔 아이들은 정말 복 받은 아이들일 것이다. 부디 어머니에게 감사를 드리길….

2. 16가지 심리적 유형

사람은 E-I, S-N, T-F, J-P 쌍 중에서 한 가지를 자기 유형으로 가질 수 있기 때문에, 4가지 유형의 결합이 한 개인에게 고유한 심리적 유형으로 된다. 이러한 4가지 심리적 유형의 결합을 기준으로 하면, 사람이 가질 수 있는 심리적 유형은 모두 16가지가 된다(표 3-2 참조). 다시 말하면 모든 사람은 아래의 16가지 심리적 유형 중에 하나를 자기의 심리적 유형으로 가지게 된다는 것이다.

〈표 3-2〉 16가지 심리적 유형

	S		N		
I	ISTJ	ISFJ	INFJ	INTJ	J
	ISTP	ISFP	INFP	INTP	P
E	ESTP	ESFP	ENFP	ENTP	P
	ESTJ	ESFJ	ENFJ	ENTJ	J
	T	F	F	T	

그렇다면 16가지 심리적 유형과 성격과는 어떤 관계가

있을까? 여기에서 우리는 성격개념을 다시 한 번 확인해 볼 필요가 있을 것이다.

"성격이란 사람의 근원적인 심리적 특성을 결정짓는 타고난 심리적 유형이다."

심리적 유형은 선천적으로 타고나는 것이기 때문에 환경이 어떻게 바뀌든 간에 상관없이 사람의 심리적 특성을 규정한다. 인류가 등장한 이래 지금까지, 전세계의 모든 사람들은 16가지 심리적 유형 중 하나를 가지고 태어난 것이다. 그렇기 때문에 심리적 유형은 환경에 의해 결정되는 다양한 심리적 특성들(사상, 신념, 가치관, 종교, 도덕성, 품성 등이 만들어 내는 심리적 특성들)이 아닌 사람의 근원적인 심리적 특성을 결정짓는다.

타고난 심리적 유형이 사람의 근원적인 심리적 특성을 결정하기 때문에 성격은 곧 심리적 유형이라고 말할 수 있다. 그렇기 때문에 16가지의 심리적 유형은 곧 사람의 16가지 성격이 되는 것이다.

모든 사람은 16가지 성격 중 한 가지를 가지고 태어나며 이 성격은 그 사람의 심리적 특성을 근원적으로 결정지을 것이다.

3. 16가지 성격

16가지 성격은 각각의 성격을 구성하고 있는 개별적인 심리적 유형들의 특성(4가지 심리적 유형), 심리적 유형들의 결합(2개, 3개 혹은 4개의 심리적 유형의 결합)이 만들어 내는 특성을 모두 포함하고 있다. 예를 들어 ISTJ의 경우 I, S, T, J가 가지는 특성과 IS, IT, IJ, ST, SJ, TJ, IST, ITJ, STJ 의 결합이 만들어 내는 특성 그리고 마지막으로 ISTJ의 결합이 만들어 내는 특성을 가진다.

여기에서는 반복을 피하기 위해 앞에서 논의되었던 것들은 가능한 생략하고 ISTJ처럼 4가지 심리적 유형의 결합이 만들어 내는 고유한 특성에 집중하여 살펴볼 것이다.

(1) ISTJ : 모범생

ISTJ는 사회를 떠받치는 4개의 기둥 중의 하나이다. ISJ(ISTJ와 ISFJ)는 조용하기 때문에 드러나지는 않지만 묵묵히 자리를 지키며 자기 일을 충실히 하는 사람들이다. 보통 민중이라고 불리는 성실한 개미군단은 SJ집단(ISTJ, ISFJ / ESFJ, ESTJ)을 의미한다. 이들 개미군단의 성실한 노동과 실천 덕분에 사회가 유지되고 역사는 발전한다.

ISTJ는 구체적이고 섬세한 인식능력(IS)과 비상한 기억력을 가지고 있다. 이들은 구체적인 사실과 세세한 장면들을 정확히 기억한다. 오래 전 일이라 남들은 다 잊어버린 시시콜콜한 것까지 정확히 회상해 내기도 한다. 어린 시절에 살았던 집을 주제로 얘기를 주고받을 때, ISTJ는 그 집의 꽃밭에 피어 있던 꽃들의 모양과 색깔까지도 정확히 기억하고 있어서 다른 가족들을 놀라게 한다. 이렇게 ISTJ는 자신의 감각기관을 통해 인식한 내용들을 정확히 기억하는 데 있어서 매우 뛰어나다.

ISTJ는 객관성과 논리력(ST)을 가지고 있으며 성실하고 책임감이 있다(성실성과 책임감은 SJ의 특성이다). 이들은 일을 하는 데서 거의 실수를 하지 않으며 기한도 반드시 완수한다. 꼼꼼하고 정확한 실무능력을 가지고 있으며 약속은 철저히 지킨다. 이런 점 때문에 ISTJ는 사회생활에서 좋은 평가를 받으며, 사람들은 이들을 매우 신뢰한다.

ISTJ는 조용하고 진지하며 신중하다. 또한 인내심이 강하고 참을성이 많다. 그렇기 때문에 사람들은 이들을 금욕주의자라고 평가하기도 한다. 이들은 금욕주의란 평에 걸

맞게 요란한 말이나 의상, 화려한 주택 등 허례허식을 싫어
하며 정갈하고 정돈된 환경을 좋아한다. ISTJ는 검소하기
때문에 생활을 알뜰하게 꾸려나가며 경제적인 안정을 유지
한다.

ENF의 특성들을 가지지 못할 경우 ISTJ는 매우 고지
식하고 지루한 사람이 될 수 있다. ISTJ의 신조는 'FM대로
산다'이기 때문에 그들은 재미없는 모범생들이기 쉽다.
ISTJ에게서 상상력이나 '끼'를 기대하기는 어렵다.

〈표 3-3〉 ISTJ의 심리적 건강성

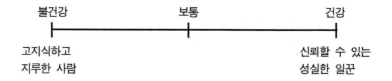

불건강	보통	건강
고지식하고 지루한 사람		신뢰할 수 있는 성실한 일꾼

(2) ISTP : 위기관리자

ISTP는 관찰능력(IS)이 뛰어나며, 관찰하는 행동 그 자
체를 즐긴다(ISP). 그리고 논리력과 합리적인 판단능력(ST)도
어느 정도 가지고 있다. ISTJ가 어느 한 가지에 치우치지
않는 객관적인 관찰을 한다면, ISTP는 자신이 주관적으로

흥미를 가지는 영역에 대해서 관찰능력과 판단능력을 집중적으로 사용하는 경향이 있다. 그래서 ISTP는 위기에 특별히 강한 면을 보인다. 이들은 순간적으로 집중력과 논리력을 발휘하여 가장 실용적인 방법(쉽고 편리한 방법)을 찾아내는 능력을 가지고 있다.

그러나 ISTP는 불성실한 노동태도를 가지고 있으며 노동규율 또한 싫어한다. 이들은 대체로 성실하지 못하며 지루한 일을 잘 견디지 못한다. 또한 ISTP는 물질적 자극에 민감하고 충동적이기 때문에 소비형 인간이 될 수도 있다. 물질적 자극에 민감하지만 성실하게 일하는 것은 싫다면, 길은 한 가지뿐인데, 그것은 바로 '한탕'을 노리는 것이다. 모든 방면에서 쉽고 편한 길을 찾아내는 데 뛰어난 재능을 가진 ISTP가 재물을 모으는 데서라고 쉽고 편한 길을 찾지 않을 리는 없을 것이다. 이런 점에서 ISTP는 '한탕주의'의 유혹을 벗어나기 힘들다. 이들은 필히 도박을 경계해야 할 것이다.

ISTP는 '매니아(Mania)' 병에 걸릴 수도 있다. 세부적인 자극의 차이(IS)를 느낄 줄 알며 충동성을 가지고 있기 때문에 ISP들은 흔히 어떤 대상에 집착하는 오디오 매니아, 영화 매니아, 골동품 매니아 등이 되기 쉽다.

ISTP는 또한 모험과 위기를 즐기는 경향(ESTP와의 공통점)이 있는데, 그것은 이들이 자극을 즐기고 충동적이며, 감정기능의 미숙성(T) 때문에 겁이 없기 때문인 것 같다. 감정기능(F)을 지나치게 상실하면 겁도 없어지는 것일까?

<표 3-4〉 ISTP의 심리적 건강성

(3) ESTJ : 보안관

ESTJ는 활동적이고 사교적이다. 이들은 현실감각(ES)이 뛰어나고 사람들을 주도하는 능력(ET)을 가지고 있기 때문에 사회생활을 정말 잘 해나간다. 이들은 말을 애매모호하게 하지 않으며 똑 떨어지는 단정하고 정확한 언어를 사용한다. 이러한 언어능력 때문에 ESTJ는 사람들을 설득하는 데에도 능하다. ESTJ는 사고와 행동에 일관성이 있으며 겉과 속이 같다(모든 유형 중에서 가장 솔직하다). 자신이 한 말 이외에 다른 내용은 없기 때문에 그들의 마음속을 들여다보려고 애쓸 필요는 없다. 또한 이들은 매사에 공정한 편이며 여간해서는 객관적인 논리성을 잃지 않는다. 이러한 특성은 많은 경우 ESTJ를 정말로 신뢰할 수 있는 사람으로 평가받게 만들며, 그들을 여러 집단의 지도자가 되게 한다.

ESTJ는 책임감과 충실성의 화신이라 할 만하다. 이들은 배우자나 부모로서 정말로 성실하게 자기 역할을 다하기 때문에 좀처럼 흠잡을 데가 없다. 이들은 전통적인 규정이나 절차, 예절 등을 매우 중요시하며 그것을 솔선수범하여 지킨다. 이런 점에서 전통을 수호하는 보수주의자라고 할 수도 있을 것이다. 그리고 이런 특성 때문에 ESTJ는 주변 환경이 변화되거나 흐트러지는 것을 매우 싫어한다. 이들은 법과 질서를 파괴하는 악당을 처벌하는 보안관처럼, 자기 환경을 변화시키거나 어질러놓는 사람은 가차 없이 응징한다. ESTJ 앞에서 예의나 규칙을 무시하거나 방을 어지럽히는 것은 미련한 자살행위일 뿐이다. 보안관은 절대 봐주지 않는다.

ESTJ는 성실하고 철저하게 그리고 효율적으로 일을 한다(STJ 공통). 이들은 자기 힘과 능력에 대한 확신을 가지고 있기 때문에 어떤 일에 대해서도 자신감을 가지고 활기차게 임한다.

그러나 ESTJ는 솔직함 때문에, 때때로 경솔한 사람으로 오해받기도 한다. 결론이란 이런 생각, 저런 생각을 하는 과정을 거치면서 내려지는 것인데 이들은 자기 생각을 모두 말로 표현한다. 그래서 경솔하게 결론을 내리고는 그 결론을 빨리 바꾸는 것처럼 보일 때가 있다.

ESTJ는 역시 감정영역에서 약점(T)을 드러낸다. 이들은 타인의 정서에는 둔감하고 말을 거침없이 하기 때문에 차갑고 냉정하다는 인상을 풍긴다. 한 가지도 봐주지 않고 모두 말로 지적하는 성향 때문에 ESTJ는 주위 사람들에게 공포의 대상이 되는 경우가 많다. 또한 이들은 자존심이 매우 강한 완벽주의자라서 자신에 대한 비판에 대해서 공격적으로 반응하기도 한다.

ESTJ는 효율성을 중시하기 때문에 자신의 일을 방해하는 것을 싫어한다. 어떤 일에 한참 몰두하는 ESTJ에게 질문을 하는 것은 다이너마이트에 불을 붙이는 것과 같은 위험한 행동이다. 그들은 불같이 화를 내며 "지금 일하고 있는 거 안 보여"라고 소리를 지를 테니, 심장이 약한 사람들은 특히 조심해야 할 것이다. ESTJ는 또한 사고능력과 언어능력이 뛰어난데, 자신의 기준을 다른 사람들에 대해서도 요구한다. 그렇기 때문에 똑똑한 ESTJ는 생각을 잘 못하거나 말이 어눌한 사람을 못 견뎌하며 그들에게 짜증을 내기도 한다.

<표 3-5> ESTJ의 심리적 건강성

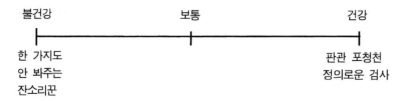

불건강	보통	건강
한 가지도 안 봐주는 잔소리꾼		판관 포청천 정의로운 검사

(4) ESTP : 제임스 본드(007)

ESTP는 활동적이며 항상 활기에 넘쳐 있다. 또한 행동은 민첩하고 재빠르다. 그렇기 때문에 운동을 좋아하며 실제로도 잘한다. 이들은 ES답게 외부자극에 매우 민감하며 세상일(주로 세속적인 일)에도 지나칠 정도로 관심이 많다. 그러다보니 이들은 다방면적인 관심과 취미를 가지는 경향이 있다.

ESTP는 정말로 뛰어난 상황판단력을 가지고 있으며, 다른 사람의 속마음을 알아채는 능력 또한 매우 발달되어 있다. 그렇기 때문에 이들은 절대로 기회를 놓치지 않는다. 기회가 포착되면 ESTP는 자신의 임기응변 능력을 유감없이 발휘하며 재치 있는 언변과 매력적인 인상으로 주변 사람들을 요리한다. 이들은 위기상황에서 민첩한 행동력으로 문제를 해결하는 데 능하며, STP답게 그러한 위기와 모험을 즐긴다.

ESTP는 사교적이며 다수의 사람들을 사귄다. 그러나 이들은 자신의 이해타산에 근거해 사람들과의 관계를 형성한다. ESTP는 사람들로부터 호감을 얻고 인기를 끄는 뛰어난 기술을 가지고 있기 때문에 자기 인맥을 잘 관리한다.

그러나 ESTP는 공감능력이 부족(T)하고 충동적이어서 범죄에 매우 취약하다. 이들은 도덕보다는 결과를 우선시하는 잔인한 실용주의자이다. 만약 ESTP가 도덕성을 상실하게 되면 자기 목적을 위해서는 수단과 방법을 가리지 않는 잔인하고 냉정한 사람이 되어 파괴적이고 반사회적인 행동을 하게 될 수 있다. 또한 이들은 그럴싸하게 자기위장을 잘하기 때문에 사기꾼이나 스파이가 될 수도 있다. 도덕성이 없는 ESTP는 그야말로 '난세에는 스파이요, 평시에는 범죄자'가 될 가능성이 많은 것이다.

ESTP는 세속적인 자극에 민감하여 탐욕·물욕(ESP)이 강한데다가 위기까지 즐긴다. 이들에게 있어서 '한탕주의'와 '도박중독'은 쉽게 헤어질 수 없는 죽마고우와도 같다.

〈표 3-6〉 ESTP의 심리적 건강성

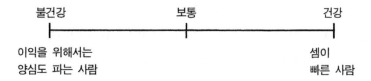

불건강	보통	건강
이익을 위해서는 양심도 파는 사람		셈이 빠른 사람

(5) ISFJ : 봉사자

ISFJ는 IF답게 동정심이 많고 사려 깊으며 온화하다. 또한 매우 친절하고 희생정신도 강하다. 이들은 인내심이 강하며(인내심은 IJ의 중요한 특성인데, IFJ가 ITJ보다는 더 인내심이 있다) 사람들의 기대에 부응하려고 노력한다. 이러한 특성들 때문에 ISFJ는 헌신적인 봉사자의 역할을 하는 경우가 많다.

ISFJ는 현실적이고 세심(S)하며 일상생활을 성실하게 유지한다. 정리정돈을 잘 하며, 여러 규율도 잘 지킨다. 이들은 매사에 부지런하고 신뢰롭기 때문에 사회생활을 원만하게 잘 해나간다.

ISFJ는 겸손하기 때문에 잘난 체하는 사람을 싫어한다. 또한 조용한 것을 좋아하며 검소하고 알뜰하게 경제를 꾸려나간다.

그러나 이들 역시 상상력이 빈곤한 모범생 과이기 때문에 지루한 편이다. 이들 중에는 일요일에 가족끼리 모여 앉아 TV를 보는 것을 문화생활의 전부라고 생각하는 사람도 있다.

'지루하고 따분한 사람'이라는 열등감 때문에 ISFJ는 쾌락주의자(SP)를 배우자로 선택하는 경우가 많다. 그래서 술, 담배, 도박, 외도 등으로 쉴 새 없이 문제를 일으키는 배우자의 뒤치다꺼리를 하면서 지지리 고생하며 살아간다. 이들은 배우자를 잘못 선택해 평생을 고생하는 것보다는 자신의 열등기능(ENT)을 개발하는 것이 인생을 위해 훨씬 더 유익한 길임을 깊이 생각해 보아야 할 것이다.

〈표 3-7〉 ISFJ의 심리적 건강성

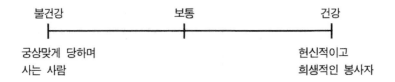

(6) ISFP : 탐미주의자

ISFP는 수줍음을 많이 타고 개인적인 성향이 강하다. 물론 IF의 특성들인 온화함, 친절, 동정심, 공감능력 등도 가지고 있다.

ISFP는 정서적인 섬세함을 가지고 있기 때문에 감각이 주는 즐거움을 알고 그것을 추구(심미적인 욕구)한다. 이들은 색채나 선, 질감이나 모양 등 사물의 구체적인 특징에 민감한 정서적 반응을 보인다(ISF). 이들이 탐미주의자처럼 보이는 것은 바로 이러한 특성들 때문이다.

ISFP는 예술적, 운동적 감각이 뛰어나서 예능, 운동 분야에서 재능을 발휘하는 경우가 많다. 반면에 감각의 즐거움에 심취하느라 언어능력이나 지적 능력은 다소 떨어지는 편이다.

ISFP도 자기통제력이 부족한 충동성의 문제를 가지고 있기 때문에 성실성이 부족하여 한 가지 일을 끈기 있게 하지 못한다. 또한 규칙이나 규율을 싫어하기 때문에 조직에 잘 적응하지 못하는 경우가 많다.

ISFP는 감각주의, 탐미주의적 경향 때문에 중독증에 취약하다. 예를 들어 오디오를 끊임없이 바꿔 가며 미세하게 달라지는 소리에 집착하는 '오디오 중독' 등에 잘 빠져든다 (이는 ISP와의 공통점이다).

ISFP는 유약(IFP의 특성)하고 경쟁을 두려워하기 때문에 경제활동을 제대로 하지 못한다. 이들은 사회인으로서의 자신감이 부족하기 때문에 한 가지 직업을 꾸준히 유지하지 못하여 이런저런 직업을 전전하기도 한다. 이런 점 때문에 ISFP는 빈번하게 사기꾼의 밥이 되어 그들의 배를 불려 주는 역할을 하기도 한다. INFP도 유약하기는 마찬가지이지만 이들은 선과 악을 감별하는 능력(INF)이 있기 때문에 그나마 사기꾼에게 덜 당한다.

〈표 3-8〉 ISFP의 심리적 건강성

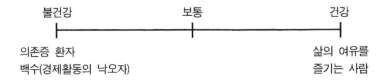

불건강   보통   건강

의존증 환자   삶의 여유를
백수(경제활동의 낙오자)   즐기는 사람

(7) ESFJ : 인심 좋은 주인장

ESFJ는 사교성이 뛰어나고 대인관계를 아주 잘 풀어나간다. 이들은 재치가 있고 매력적이며 타인의 정서에 민감하고 인정도 있다. ESFJ는 식사를 할 때, 맛있는 반찬은 상대방에게 먼저 권하며 부족한 것이 있으면 놓치지 않고 추가주문을 하는 등 매우 친절하고 예절바르게 행동한다. 모든 곳에서 유지되는 ESFJ의 예의바르고 친절하며 배려심이 강한 태도는 사람들을 즐겁고 기쁘게 해주기에 충분한 것이어서 이들은 항상 인기를 모은다. ESFJ는 조화로운 인간관계를 중시하기 때문에 사람들에게 친절을 베푸는 것을 자기 스스로도 무척이나 좋아한다.

ESFJ는 SJ답게 규칙이나 전통을 존중하며 성실성과 책임감을 가지고 있다. 이들은 일과 관련해서도 매우 신뢰할 만하다.

ESFJ는 상황에 적절한 정서표현을 잘하기 때문에 사람을 대하는 일에 재능을 발휘한다. 영업, 판매 등의 분야에서는 발군의 실력을 과시한다(판매왕, 영업왕 등을 휩쓰는 것은 거의 다 ESFJ일 것이다).

그러나 ESFJ는 세속주의자가 될 수도 있다. 이들은 외부자극에 민감한 현실주의자이기 때문에 외모나 사회적 지위에 무척 신경을 쓴다. 또한 타인의 의견에 매우 민감하게 반응하고 사람들에게 인정받는 것을 중요시한다. 그 결과 이들은 개혁보다는 현실에 안주하려고 하며, 갈등을 동반한 정의보다는 조화 속의 불의를 택할 수도 있다. 또한 ES이기 때문에 물욕을 가질 수도 있다. 다만 인식형(P)과는 달리 자기통제력이 있기 때문에 이들의 세속주의나 물욕은 쉽게 범죄와 연결되지는 않는 편이다.

〈표 3-9〉 ESFJ의 심리적 건강성

불건강　　　　　　　　　　부통　　　　　　　　　　건강

조화 속의 불의를　　　　　　　　　　타인을 위할 줄 아는
택하는 겁쟁이　　　　　　　　　　친절한 사람

(8) ESFP : 낙천가

ESFP는 명랑하고 활동적이며 정열적이고 사교적이다. 사람들과 어울리는 것을 좋아하고 분위기를 잘 띄운다. 이들은 공감능력이 뛰어나고 관대하기 때문에 기꺼이 봉사하려고 하며, 타인을 즐겁게 해주는 것을 좋아한다. ESFP는 재치 있고 매력적이며 화술이 뛰어난데, ESFJ에 비해서는 좀더 산만하고 충동적인 언어를 구사하며 풍기는 매력 또한 다소 본능적이다.

이들은 지독한 현실주의자로서 최신유행에 가장 민감한 유형이다. 남녀를 불문하고 외모나 옷차림 등의 겉모습 꾸미기에 열중한다. 이런 점에서 ESFJ는 ESFP의 적수가 되지 못한다.

그러나 ESFP는 규율이나 규칙을 싫어하며 성실성이 부족하다. 이들은 '베짱이 숭배자'로써 낭창낭창 노는 것을 좋아한다. ESFP는 사색의 깊이가 부족(사색에 유리한 유형이 I-N-T-J임을 기억해 보라)하기 때문에 지적인 작업에 약점을 보이며, "설마, 뭐 어떻게 되겠지"라고 말하면서 위기를 진지하게 받아들이지 않는 대책 없는 낙천주의자이다.

ESFP는 귀가 얇고 줏대가 약한 편이며 충동적이기 때문에 새로운 자극이나 유혹에 취약하다. 이들은 유행을 따

라다니며 소비를 하고 각종 유혹을 기대하며 사는 쾌락주
의자인 경우가 많다.

<표 3-10> ESFP의 심리적 건강성

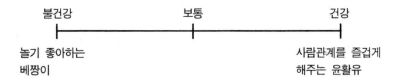

```
불건강                  보통                      건강
├─────────────────────┼───────────────────────┤
놀기 좋아하는                              사람관계를 즐겁게
베짱이                                     해주는 윤활유
```

(9) INFJ : 순교자

INFJ는 매우 진지하며 성실한 사람이다. 이들에게 중
요한 것은 자아실현과 '인생의 의미'일 뿐 세속적인 것에는
별다른 관심이 없다. 살아 있어야 할 이유가 필요한 INFJ
에게 종교나 이념은 매우 중요하기 때문에, 이들은 자신이
옳다고 믿는 신념을 위해 기꺼이 순교할 각오가 되어 있다.
INFJ는 한번 일에 몰두하면 놀라운 집중력과 끈기를 발휘
하여 밥을 굶고 밤을 꼬박 새면서까지 그것에 몰두하기도
한다.

INFJ의 관심은 NT와는 달리 끝내 사람(F)을 향해 있
다. 이들은 타인의 행복에 기여하고 남을 도우려고 하며 그

런 일을 하는 데서 삶의 보람을 느낀다. 사람의 행복에 대한 진지한 관심, 놀라운 직관력, 뛰어난 공감능력, 직감적으로 타인의 선악을 감지하는 능력을 가지고 있기 때문에 INFJ는 사회적 집단의 윤리적 지주나 종교적 지도자가 되는 경우가 많다.

무의식을 활용하는 능력에 있어서 INFJ에 비견될 만한 유형은 없다. I(무의식에 대한 통찰력), N(무의식에 기초한 직관력), F(무의식과 관련되는 감정판단)의 특성은 J(계획적이고 체계적인 사고능력, 주의집중 능력, 자기통제력 등)의 특성에 의해 극대화된다. 반대로 INFP의 경우 P(충동성, 산만함)의 특성 때문에 무의식에 대한 활용능력은 손해를 본다. INFJ가 직관력, 통찰력, 창의력, 비전(Vision), 선견지명, 예감 등의 대명사로 불리는 것은 바로 이런 이유 때문이다.

INFJ는 언어능력이 뛰어난 비유법의 대가들이며 학구적인 재능도 가지고 있다. 이들은 뛰어난 이론화능력과 집필능력(INJ)을 가지고 있으며 인문·사회과학, 문화예술 분야(NF)에 관심이 많다. 그래서 인문·사회과학자나 종교이론가, 예술가 중에는 INFJ 유형이 많다.

INFJ는 내성적이고 비사교적이며 진지하기 때문에 가까운 소수의 사람들과만 깊은 관계를 맺으며 사람들 앞에 나서기를 싫어한다. 이런 점 때문에 이들은 자기 재능을 충

분히 발휘하지 못한 채 은둔자로 살기도 한다. 또한 INFJ
는 지나친 완벽주의 때문에 자기를 낮게 평가하는 경향이
있다. INTJ가 진리를 기준으로 자신을 평가절하 한다면
INFJ는 도덕과 양심을 기준으로 자신을 평가절하 한다.

거친 세상에 적응하지 못하는 현실감각이 부족한 INFJ
는 비현실적인 이상주의나 극단적인 종교에 심취할 가능성
도 있다. 또한 순진한 INFJ는 다른 사람들도 다 자기처럼
거짓말을 하지 않으며 진지할 것이라고 생각하다가 사람들
에게 속고 이용당해 골병이 들기도 한다.

〈표 3-11〉 INFJ의 심리적 건강성

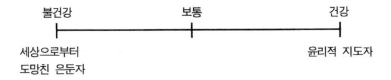

(10) INFP : 몽상가

INFP는 자아실현에 관심이 있고 인생의 의미를 찾으려
한다는 점에서 INFJ와 닮았다. 그러나 이들은 속세를 초월
하는 면이 있으면서 동시에 속세에 연연하는 모습도 가지
고 있다는 점에서 INFJ와 다르다. INFP가 이상과 속세 간

에 양다리를 걸칠 수밖에 없는 결정적인 이유는 자신의 충동성(P)을 제어하지 못하기 때문이다.

또한 이들은 P(인식형)의 특성 때문에 다방면적 관심사로 주의가 분산되는데 자기통제력이 약해서 이를 잘 제어하지 못한다. 그 결과 이들은 신비주의자처럼 UFO나 7대 불가사의, 심해 괴수 같은 것들에 강한 흥미를 느끼고 심취한다.

INFP에게도 INFJ처럼 학술적이고 언어적인 재능이 있다. 그러나 이들의 머릿속에는 정리되지 않은 지식들이 여기저기 산만하게 쌓여 있기 때문에 좀처럼 구조화된 이론을 세우지 못한다. INFP가 짧은 글을 반짝거리게 잘 쓰는 반면 구조화된 장문의 글에는 약한 면을 보이는 것은 이런 이유 때문이다.

INFP는 또한 INF답게 동정심이 많고 공감능력이 뛰어나며 직감적으로 긍정성과 선악을 감지하는 능력을 가지고 있다.

INFP는 현실감각을 보강하지 못하면 매우 위험해진다. 현실감각에 불리한 네 가지 심리적 유형(I-N-F-P)을 모두 가지고 있기 때문이다(현실감각의 부재는 INP의 특성인데, INFP가 INTP보다 다소 더 비현실적이다). INFP는 공상과 상상의 세계에 묻혀 사느라 사회생활에 쉽게 적응을 못하기도 한다.

INFP에게는 똑똑하지 못한 고집, 일종의 아집 같은 것이 있는데, 그것은 이들의 사고가 관념적이고 주관적인데다가 결단력마저 부족하기 때문이다. INFP에게는 명백한 진리를 접하고도 이를 쉽사리 인정하지 않으려고 떼를 쓰는 경향이 있다.

INFP는 변덕이 심해 한 가지 일을 꾸준히 하지 못한다. 노동규율을 싫어하며 반복되는 일에는 인내심을 발휘하지 못한다. 그래서 한 가지 직업을 꾸준히 유지하지 못하고 직업을 자주 바꾸는 편이다.

또한 INFP는 유약하기 때문에 갈등상황을 스스로 해결하지 못하며 어려운 문제는 회피해 버리는 경향이 있다. 유약성을 공통분모로 하는 ISP(INFP와 ISFP)는 자신의 약점을 배우자 선택을 통해 보충하려고 하기도 한다. 그래서 생활력이 있고 강한 느낌을 주는 배우자(예를 들면 ESTJ나 INTJ 등)를 골라 그 배우자의 수하가 되어 평생을 의존하며 살아가기도 한다. 그러나 자신의 문제를 스스로 해결하지 않고 그것을 회피하기 위한 목적으로 선택한 배우자와의 결합은 ISP의 결함을 더 악화시키고 서로간의 병적인 관계(주종관계, 의존적 관계)만 심화시킬 뿐이다.

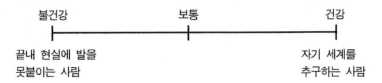
〈표 3-12〉 INFP의 심리적 건강성

불건강   보통   건강

끝내 현실에 발을   자기 세계를
못붙이는 사람   추구하는 사람

(11) ENFJ : 지도자

ENFJ는 열정적이고 생동감이 있으며 온화하고 동정심이 많다. INF처럼 공감능력도 뛰어난데, 외향형(E)이기 때문에 INF에 비해 정서적 반응을 신속하고 정확하게 그리고 솔직하게 한다. 다만 INF에 비해 공감의 깊이는 부족하다.

ENFJ는 타인의 동기나 의도를 정확히 파악하며 특히 타인의 감정이나 소망을 잘 알아챈다. 이러한 ENF로서의 특성은 ENFP도 공통적으로 가진다. 그러나 ENFP는 타인의 본능적 욕망에 대한 포착능력이 뛰어나다는 점에서 ENFJ와 차별성을 갖는다.

ENFJ는 NF답게 사람에게 관심이 많고 이상주의적이며 언어능력이 뛰어나다. INF가 글에 능하다면 ENF는 말에 능하다. 이들은 대인관계를 중시하고 능숙하게 풀어나가기 때문에 사회생활을 매끄럽게 해나간다. 또한 타인에게 관대하며 갈등을 싫어하기 때문에 비판을 잘 하지 않는다.

ENFJ는 외부의 '가능성'을 찾아내는 능력이 뛰어나고 사람들에게 동기부여를 잘 하며, 활발하고 용감하기 때문에 지도자나 교육자의 역할을 하는 경우가 많다.

ENFJ는 일관성이 있고 약속을 잘 지키는 신뢰할 수 있는 사람이며, 계획을 세우고 그것을 넘쳐나는 힘으로 철저히 집행하는 높은 실천력을 가진 사람이다.

그러나 ENFJ는 EF병인 감정과잉 병에 걸릴 수 있으며 갈등을 싫어하기 때문에 당하며 살기도 한다. 현실감각을 상실할 경우에는 직관기능의 단점이 크게 부각되어 사람들로부터 '덜떨어진 영구' 취급을 받을 수도 있다.

<표 3-13> ENFJ의 심리적 건강성

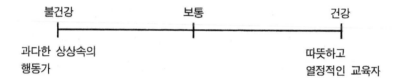

(12) ENFP : 어린아이

ENFP는 마치 어린아이처럼 뜨거운 열정과 호기심을 가지고 있으며 낙천적으로 생활한다.

ENFP는 외부환경과 타인에 대한 통찰력이 매우 뛰어나다(ENF). 타인의 기분이나 본능적 욕구를 알아내는 천부적인 감각을 가지고 있으며, 사람들을 모으고 청중을 리드하는 카리스마와 기술이 있기 때문에 마치 무대 위의 주인공처럼 사람들을 휩쓸고 다닌다. ENFP는 타인을 조종하고 싶은 욕구와 능력을 겸비하고 있기 때문에 일반인들은 전혀 상상할 수 없는 기발한 대사를 연속해서 날리며, 상대방을 들뜨게 하는 칭찬을 남발하여 사람들의 가려운 곳을 긁어 준다. 이들은 대인관계를 중시하고 주목받는 무대의 주인공이 되고 싶어 하며, 관능적 매력과 끼로 대중들에게 큰 영향력을 행사하는 '배우'에 딱 어울리는 특성을 갖고 있다.

TV, 영화에서나 겨우 구경할 수 있을 법한 이 성격은 매우 드물기 때문에 일반인들이 ENFP를 직접 보게 되면, "세상에, 저런 사람이 있을 수 있다니"라며 놀라워한다.

ENFP는 조직이나 규율을 매우 싫어하기에 한 가지 일을 지속적으로 하지 못하며 감정기복이 매우 심하다. 이들은 동일한 환경, 똑같은 사람들에게 쉽게 싫증을 내기 때문에 항상 새로운 자극과 가능성을 찾아 나선다. 새로운 자극을 찾아 이것을 했다 저것을 했다가 하는 ENFP는 "인생은 즐거운 연극이다"라고 노래하며 자기 기분에 따라 인생을 제멋대로 살아간다.

ENFP는 자료를 선택적으로 취사선택 하고 주관성이 강하기 때문에 객관성을 상실하여 자기 편한 대로 생각하는 경향이 있다. 반성을 거의 하지 않으며 잘못된 결과에 대해서는 항상 남 탓을 한다. 무서운 사람을 만나 혼이 나면 두 손을 모아 싹싹 빌고 눈물을 흘리며 잘못했다고 말하기도 하지만 그것은 연기일 뿐, 진짜 반성은 좀처럼 할 줄 모른다. 건강하지 못한 ENFP는 지독한 주관주의자이며 표리부동(表裏不同)의 표본이다.

자신의 성격적 특성을 나쁜 데 사용하는 ENFP는 사람들을 후리는 능력 때문에 남들에게 피해를 주기도 한다. 남에게 피해를 주든 말든 자기 하고 싶은 대로 한다는 점에서 ESTP와 ENFP는 비슷하다. 그러나 관계지향적인 ENFP는 그나마 약간 눈치를 보는 데 반해 ESTP는 더 공격적이고 철면피하다.

ENFP는 충동적이어서 낭비벽이 심한 소비형 인간이 되기 쉽다. 백화점이야 충동구매를 일삼는 EFP들(ENFP와 ESFP)을 반기겠지만 이들이 이끄는 가정경제는 풍파를 만난 듯 요동칠 것이다.

이런 단점들 때문에 ENFP는 사람들로부터 절대 신뢰할 수 없는 사람이라는 악평을 받기도 한다. 비제의 오페라에 등장하는 팜므 파탈(Femme fatale)인 '카르멘'이나 유명한 색마였던 카사노바의 인생은 ENFP가 아니고서는 도저히 출연할 수 없는 드라마인 것이다.

〈표 3-14〉 ENFP의 건강성

(13) INTJ : 전략가

INTJ는 이론화, 개념화 능력이 탁월하다. 전략전술을 기준으로 비교해 본다면 IST는 전술작성 능력이, INT는 전략수립 능력이 각각 상대적으로 우수하다고 말할 수 있을 것이다.

INTJ가 갖는 NT로서의 특성을 간단히 복습해 보자. 지식에 대한 개방적인 태도를 가지기 때문에 새로운 개념을 적극적으로 수용하고 새로운 법칙에 대한 관심을 기울이며 항상 배우려고 한다. 또한 자기기준이 높고 이에 의거해 엄격한 자기검열을 한다. 자신의 힘에 대한 확신이 있기 때문에 자신감과 독립심이 높다.

INTJ는 다른 사람의 압력이나 권위에 주눅 들지 않으며 세인들의 평가에 신경 쓰지 않는다. 모든 사람이 반대해도 자신이 옳다는 확신이 있으면 그대로 밀어붙인다. 이는 NT의 특성이기는 하지만 외향형(E)인 ENT는 내향형(I)인 INT에 비해 상대적으로 타인의 의견에 좀더 민감한 편이다.

INTJ는 결연한 의지와 실천력을 가지고 일을 완강하게 추진해 나간다. 이들은 시련과 난관을 두려워하지 않으며 이를 맞받아 나가 싸운다. 고난은 INTJ에게 있어서 새로운 도전을 의미할 뿐이어서 이들은 전의를 더 불태운다.

이런 점에서, 임진왜란의 영웅이었던 이순신 장군님이 건강한 INTJ였다는 것은 우리 민족을 위해 하늘이 내린 하나의 축복이었다고 할 수 있을 것이다.

INTJ는 감정능력이 미숙하고 일중독에 빠지기 쉽다. 기껏해야 썰렁한 농담이나 던지며 일을 위해서 태어난 기계처럼 사는 INTJ 남편을 좋아할 아내는 별로 없을 것이다. 이들은 또한 자신의 계획을 실현하기 위해 사람들을 짓밟으며 무자비하게 행동할 가능성도 있다.

INTJ는 논쟁과 비판을 즐기지만 타인의 감정을 배려하지 못하기 때문에 상대방의 기분을 상하게 할 가능성이 많다. 그러나 사실 더 큰 문제는, 그들은 정작 자기 자신이

한 일을 모르고 있다는 점이다. INTJ 아동의 부모는 필히 아주 어릴 때부터 그들의 감정능력을 개발해 주기 위해 노력해야 할 것이다. 아주 큰 인물이 될 수 있는 아이를 망치지 않으려면….

<표 3-15> INTJ의 건강성

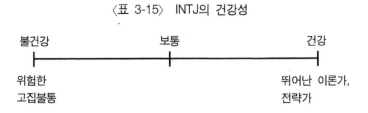

(14) INTP : 전술가

INTP도 이론, 전략을 설계하는 능력이 있다. 그러나 이들은 자신이 가진 P(인식형)의 특성들(즉흥성, 충동성, 주의분산 등) 때문에 지식인이 되기는 하지만 수준 높은 지식인이 되기는 어렵다. 또한 이들이 가진 INT로서의 장점들은 전반적으로 손해를 보게 된다.

INTP는 장기과제에는 약하지만 특정한 단기과제에 순간적인 집중력을 발휘하여 해결책을 수립하는 능력을 가지고 있다.

INTP는 정서와 공감능력이 부족해 정서표현을 못하며 타인의 동기나 감정에 둔감하다. 또한 성취욕은 강하지만 추진력과 실천력이 부족하고 사고과정 자체에 몰두하는 경향을 가지기 때문에 결과물이 잘 나오지 않는다.

INTP는 일상의 세부적인 일들에 약점을 보인다. 이들은 사람이 생활을 유지하기 위해서 반복적으로 해야 하는 일상의 일들, 예를 들어 목욕, 양치질, 옷 관리, 머리손질 등을 제대로 하지 않는 경향이 있다. 이들은 머리부터 발끝까지 단정하게 자기관리를 못해서 항상 누군가의 도움을 필요로 한다. INTP는 다른 사람들을 지나칠 정도로 의식하지 않기 때문에 비듬이 가득한 부스스한 머리로 공개행사에 태연하게 참가하기도 하며, 사람들이 핀잔을 주어도 부끄러워하지 않는다. '헨젤과 그레텔'이 빵부스러기를 흘려 놓듯이 지나가는 곳마다 물건을 흘리고 흩트려 놓음으로써 자신의 이동경로를 표시해 놓는 INTP도 있다. 이들의 경우 I의 약점(사교성 부족, 대중적 평가에 둔감), N의 약점(현실감 부족, 생활을 놓치게 함), T의 약점(사람이나 관계에 민감하지 못함)이 P의 특성(충동성, 자기통제력 결여, 나태함)과 결합되어 매우 나쁜 결과를 낳는 것이다. 다른 INT인 INTJ는 실천형(J)이기 때문에 반복되는 실천과 현실접촉을 통해 이러한 결함을 어느 정도 보완하지만 INTP는 그렇지 못하다.

이렇게 INTP는 대중적 의견이나 평가를 무시하는 경향이 있으며 성실하지 못하고 변덕스러워 관심이나 직업을 자주 바꾼다. 또한 사교성이 없고 자존심이 부적절하게 강해 사회생활에서 낙오자가 되기도 한다. INTP는 또한 회의적이고 사변적이어서 자기 생각을 사람들이 알아들을 수 있는 말로 잘 표현하지 못한다.

이들의 가장 큰 약점인 현실과의 단절은 INTP를 현실로부터 관념의 세계로 계속 밀어낸다.

〈표 3-16〉 INTP의 심리적 건강성

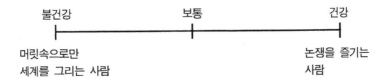

불건강　　　　　　　보통　　　　　　　건강

머릿속으로만　　　　　　　　　　　논쟁을 즐기는
세계를 그리는 사람　　　　　　　　　사람

(15) ENTJ : 장군

ENTJ는 용감하고 활동적이며 힘이 넘친다. INTJ보다는 못하지만 전략이나 정책, 목표수립 능력도 탁월하다. 외부세계에 관심이 많은 외향형(E)이기 때문에 현실감 있는 이론전개 능력은 오히려 INTJ보다 우수한 경우도 많다.

ENTJ는 지적으로 개방적이며 사람들과의 논쟁을 즐기는 편이다. 추상화된 개념에 대한 이해능력과 이론실력, 논리력을 가지고 있기 때문에 논쟁에서 뛰어난 실력을 발휘한다.

ENTJ는 불도저 같은 추진력을 가진 용감한 실천가이다. 그것은 이들이 정책을 설득하는 능력과 원대한 목표를 향해 사람들을 이끌어가는 조직력, 추진력을 가지고 있으며 강인한 정신력과 효율적인 일처리 능력을 가지고 있기 때문이다.

ENTJ는 엄격한 자기기준과 책임감을 가지고 있기 때문에 비능률을 싫어하고 반복되는 실수는 용납하지 않는다. ENTJ가 갖고 있는 이러한 지도자적 자질 때문에 그들은 보통 사회적 집단의 지도층으로 활약한다.

그러나 ENTJ 또한 정서·감정 영역에 약점을 가지고 있으며, 일에만 푹 빠져 있는 일중독 환자가 되는 경우도 많다.

〈표 3-17〉 ENTJ의 심리적 건강성

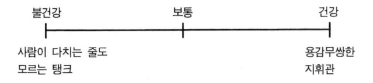

불건강	보통	건강
사람이 다치는 줄도 모르는 탱크		용감무쌍한 지휘관

(16) ENTP : 모험가

ENTP는 정열적이고 활동적이다. 이들은 다방면적인 관심과 취미를 가진 다재다능한 사람이지만 그 넓이에 비하면 깊이는 얕은 편이다.

ENTP는 가능성에 민감하여 더 좋은 방법을 잘 찾아내는 아이디어맨(Idea Man)인 경우가 많다. 이들은 ENTJ보다는 못하지만 이론적 분석능력이 뛰어나고 객관적이고 논리적인 판단력을 가지고 있다. 그러나 ENTJ가 장기과제에 강한 반면 ENTP는 단기과제에 강하기 때문에, 이들은 자기 재능을 적절한 기회를 포착하여 임기응변적으로 순발력 있게 사용하는 데 능하다. 즉 재난구조대처럼 그때 그때의 긴급한 상황에 잘 대처해 나가는 것이다. 또한 ENTP는 자기 신념이 강하며 기존의 규칙, 전통, 권위를 무시하는 경향이 있다.

ENTP는 사람들과의 논쟁을 즐기며 스스로는 그것을 사교라고 생각하기도 한다. 이들이 기습적으로 제기하는 문제제기로 인해 한동안 논쟁을 해야만 했던 사람들은 대부분 ENTP에 대해 불쾌한 감정을 가지게 되지만, 정작 당사자인 ENTP는 매우 즐거워하고 상대방에 대한 호감을 표시하며 심지어는 서로 친해졌다고 착각하기도 한다.

그러나 ENTP는 주관적이고 일관성이 없으며 변덕도 심하다. 이들은 단조로움을 참지 못하여 한 가지 일을 꾸준히 못한다. 이들이 세우는 계획에는 허점이 많으며 실천과정에서는 항상 무엇인가를 잊어버리기도 한다. 실천은 항상 이론을 따라가지 못한다.

ENTP는 감각형(S)과는 다른 즐거움을 추구하는 직관형(N) 쾌락주의자이다. 이들도 계속 새로운 자극을 찾아 모험을 즐기기는 하지만 ENTP가 찾는 것은 자신의 감각기관을 즐겁게 해줄 구체적인 자극들이 아니라 자신의 상상력을 자극할 수 있는 어떤 것이다. 그렇기 때문에 S(감각형)는 감각적인 즐거움을 추구하는 반면 N(직관형)은 새롭고 기발한 놀이를 찾는 것이다.

ENTP는 사람들로부터 좋은 평가를 받기를 원하며 승부욕과 출세욕이 강하다. 그래서 건강하지 못한 ENTP는 정말로 샘이 많아서 시기심과 질투심이 유난히 많다. 남 잘 되는 것을 질내도 못 보는 것이다. 또한 화가 나 있는 ENTP는 말할 수 없이 도전적이며 공격적이다. 이들은 모든 규칙을 싫어하고 무시하면서 자기 마음대로 다 하며 살아간다.

〈표 3-18〉 ENTP의 심리적 건강성

불건강	보통	건강
사촌이 땅을 사면 배가 아프다		모험과 변화를 즐기는 사람

제 4 장

성격과 인생

성격에 대한 올바른 이해는 자기 자신과
타인을 정확히 이해하게 해주고
사람관계를 매끄럽게 해줄 수 있다.
자기 성격이 가지는 장단점을 잘 파악하고
단점을 보완하기 위해 노력한다면,
사회생활에서 불필요하게 손해를 보거나
피해를 입는 것을 줄일 수 있으며
타인의 장점을 빨리 포착하여
그것을 배울 수 있을 것이다.

성격은 사람의 인생에 어떤 영향을 미칠까?

어떤 성격이론들은 성격을 가지고 너무 많은 것을 설명하기도 한다. 예를 들어 착한 사람이나 나쁜 사람, 너그러운 사람이나 공격적인 사람, 진보적인 사람이나 보수적인 사람의 차이가 성격 때문이라고 주장하는 이론도 있다. 그러나 착한 사람과 나쁜 사람의 차이는 '도덕성'에 의해, 너그러운 사람과 공격적인 사람의 차이는 '마음속의 분노'에 의해, 진보적인 사람이나 보수적인 사람의 차이는 '사상과 신념'의 차이에 의해 규정되는 것이지 성격의 차이에 의해 규정되는 것은 아니다. 그렇기 때문에 성격이론은 사람의 모든 심리적 특성과 행동을 설명하지 못하며, 그렇게 하려고 해서도 안 된다.

물론 성격은 사람의 근원적인 심리적 특성을 결정짓기 때문에 그것은 사람에게 분명히 어떤 영향을 미칠 것이다. 그러나 사람의 행동과 인생에 영향을 미치는 변수들(부모, 환경 등)은 너무나 많기 때문에 성격이론은 성격변수와 나머지 변수들을 엄격히 구분해야 한다. 다시 말해 사람의 인생에 영향을 미치는 성격 이외의 수많은 변수들을 제거함으로써, 성격이란 것이 사람의 인생에 어떤 방식으로 얼마나 영향을 미치는지 정확히 규명해야 한다는 것이다.

1. 성격과 연애

(1) 성격이 연애에 미치는 영향

배우자 선택에 가장 큰 영향을 미치는 것은 부모이다.

"부모-자식 간의 관계는 자녀의 배우자 관계에 결정적인 영향을 미친다. 우선 자식들은 부모의 결혼관계를 재현하는 경향이 있다. … (중략) … 자식들은 이성 부모와의 관계에 너무나도 익숙해져 있기 때문에 그 관계가 건강한 것이든 병적인 것이든 상관없이 이성 부모와 비슷한 배우자에게 매력을 느낀다. … (중략) … 자식들은 부모에 충성하기 위해 배우자를 선택한다. … (중략) … 또한 자식들은 부모로부터 받은 상처 때문에 배우자를 선택한다. … (중략) … 배우자 관계의 비밀은 일정한 기간을 두고 볼 때 분명히 드러난다. 그러나 장기간의 결혼생활에도 불구하고 막상 당사자들은 배우자 관계를 규정하는 이러한 심리적 역동을 모르는 경우가 대부분이다."

(『부모 - 나 관계의 비밀』, 김태형·전양숙,
새뜰심리상담소출판사, 2005, 27~29쪽.)

위의 글은 배우자 선택에 어떤 방식으로 부모 - 자식 관계가 영향을 미치는지 잘 보여주고 있다. 그렇다면 성격은 배우자 선택 혹은 연애에 어떤 영향을 미치는 것일까?

첫째로 부모가 배우자 선택, 결혼에 결정적인 영향을 미친다면, 성격은 '첫사랑, 운명적 사랑'에 큰 영향을 미친다.

'첫사랑'은 매우 강력해서 평생을 두고 사람들을 괴롭히기도 한다. 조금 괜찮은 사람을 볼 때마다 가슴이 설레는 식의 가벼운 감정이 아니라, 길지 않은 시간 속에서 본 것뿐인데도 도저히 마음속에서 떠나보낼 수 없는, 말로는 뭐라고 설명할 수 없지만 자신을 사로잡은 채 놓아 주지 않는 그런 '운명적인 연인'은 존재한다.

첫눈에 반하기도 하는 이런 첫사랑, 운명적인 사랑은 부모의 영향력에 의해 선택하게 되는 결혼 상대와는 다른 경우가 많다. 즉 모든 사람이 자신의 '운명적인 연인'과 결혼하는 것은 아닌 것이다. 결혼에는 부모의 영향력에 기초해 신분, 집안배경, 학력, 직업, 외모 등 여러 세속적인 기준들이 영향을 미친다. 반면에 '운명적인 연인'은 우리의 의식에서 세속적인 기준을 고려하기도 전에 무의식 깊은 곳에 바로 꽂혀 버린다. 성격은 이런 '첫사랑, 운명적인 사랑'의 선택에 큰 영향을 미친다.

둘째로 성격은 부모의 영향력에 의한 배우자 선택에 밀접히 결합되어 동시에 영향을 미친다. '자라 보고 놀란 가슴 솥뚜껑 보고도 놀란다'는 말처럼 너무나도 익숙한 이성부모에 대한 감정은 성장한 뒤에 이성부모와 비슷한 사람을 만났을 때 자동적으로 전이된다. 그래서 많은 사람들이 자신의 이성부모와 비슷한 배우자를 고르는데, 이때 성격은 이 과정에 개입한다. 예를 들면 ESFJ 어머니를 둔 아들이 성장하여 배우자를 고를 때 자신의 어머니와 비슷한 ESFJ 여성을 고르는 경우가 이에 해당된다. 또한 어머니와 사이가 좋은 아들은 외모나 체격도 어머니와 비슷한 사람을 고르는 경우가 많다. 반대의 경우도 성립될 수 있다. 이성부모와 사이가 매우 나쁜 아이는 나중에 커서 ESFJ 부모와 정반대인 INTP 배우자를 고를 수도 있다. 이렇게 성격은 배우자 선택에 대한 부모의 영향력의 한 부분으로 작용한다.

(2) 밀고 당기는 힘

1) 그림자를 찾아서 : 그림자 선호

그림자(Shadow)란 자신의 유형과 대칭을 이루는 심리적
유형을 의미한다. E-I, S-N, T-F, J-P의 경우 E, S, T, J의
그림자는 I, N, F, P 가 되는 것이다.

사람들은 무의식적, 본능적으로 그림자를 선호하는 경
향이 있다. 그것은 마치 우리의 몸이, 땀을 많이 흘렸을 때
갈증을 나게 해 물을 마시게 함으로써, 신체적 균형을 되찾
게 하는 것과 같은 이유에서 비롯된다. 사람들은 자신의 심
리적 유형에 반대되는 유형에 대해 **열등감**을 가지고 있기
때문에 배우자를 통해 이를 보상하려고 하는 것이다.

너무 부끄러움을 타는 내향형(I)이라서 남들 앞에 잘 나
서지도 못했던 사람은 마음속에서 외향형(E)을 부러워했을
것이다. 이런 사람이 외향형(E) 이성에게 끌리는 것은 너무
나도 당연한 일일지도 모른다.

그러나 그림자를 선호하는 경향은 다소 복잡한 양상을
띠고 나타난다. 모든 사람이, ESTJ가 INFP를 좋아하는 것
처럼, 자신이 가진 4가지 심리적 유형의 완벽한 반대유형을
선호하지는 않는다. 한 가지, 혹은 두세 가지 유형만 반대

인 경우가 오히려 더 많다. 여기에 더해 개개의 심리적 유형의 반대가 아니라 4가지 심리적 유형의 결합으로 이루어진 성격이 만들어 내는 특징과 반대되는 성격을 선호하는 경우도 흔하다. 유약하고 의존적인 ISFP가 강한 느낌을 주는 ESTJ나 INTJ를 선호하는 것이 대표적인 예이다.

이렇게 그림자 선호는 자신의 심리적 유형에 대한 평가와 호-불호의 정도에 따라 달라진다. 자신의 심리적 유형에 대해 열등감을 많이 느낄수록 그림자에 대한 선호는 강력해진다. 또한 열등감을 넘어서 자신의 심리적 유형을 매우 싫어하는 상태까지 이르게 되면 반대 유형에 대해서도 단순한 선호수준을 넘어 심하게 집착하는 증세를 보일 것이다.

2) 거울 속의 나를 향해 : 자기 선호

사람들은 자신의 심리적 유형과 똑같은 유형을 선호하는 경향도 가지고 있다. 조용하고 성실하게 살아가는 ISFJ 부부처럼 4가지 유형이 모두 같은 경우도 있지만 대개의 경우에는 INFJ-ESFJ나 ISFJ-INTP처럼 한두 가지만 같은 경우가 더 많다. 또한 개개의 심리적 유형에 대한 선호가 아니라 ISFJ-ISFP처럼 비슷한 느낌을 주는 성격(4가지 심리적 유형의 결합)을 선호하는 경우도 있다.

자신의 심리적 유형과 똑같은 유형을 선호하는 이유는 우선 특정 심리적 유형에 대한 호 - 불호가 매우 강한 경우에 나타난다. 외향형(E)이 자신의 외향적 특성을 매우 마음에 들어 하면 내향형(I) 이성은 지루하고 재미없게 생각될 수 있기 때문에 같은 외향형(E)을 선택할 것이다. 반대로 F(감정형)가 T(사고형)를 매우 싫어할 경우에도 같은 F(감정형)를 선택할 것이다.

자신의 심리적 유형과 똑같은 유형을 선호하는 다른 하나의 이유는 불안 때문이다. 불안수준이 높은 사람은 자신의 열등감을 배우자를 통해 보충하려고 하기보다는 회피하려고 하기 때문에, 자신의 열등감을 자극할지도 모르는 반대유형의 사람을 피할 수 있다. 불안수준이 높은 F(감정형)는 자신을 자주 긴장시키는 T(사고형)를 못 견디기 때문에 같은 F(감정형)를 선택할 수 있으며, 어지르는 것을 좋아하는 P(인식형)는 정리정돈에 목숨 거는 J(실천형)가 껄끄러워서 같은 P(인식형)를 선호하기도 한다.

앞의 내용들을 정리하는 의미로 한 가지 예를 들어 보기로 하자.

어떤 사람(INFJ)이 처음으로 사랑 비슷한 감정을 느꼈던 이성(ESTJ)이 있었다. 두 사람이 같이 있으면 마음이 편하고 기분이 좋았다. 그러나 두 사람은 서로의 마음을 확인할 수 있는 기회조차 가지지 못하고 헤어지게 되었고 긴 세월이 흘렀다. 그런데 이상하게도 두 사람은 세월이 아무리 많이 흘러도 어렸을 때 만났던 상대방을 잊을 수 없었다.

나중에 극적인 재회를 하게 되었을 때 두 사람은 서로를 잊지 못하고 그리워했던 이유를 알게 되었다. INFJ는 명랑하고 활기(E)가 있으며, 섬세하고 사리가 분명하며(ST) 아주 단정한 옷차림과 외모를 가진 ESTJ에게 매혹당했던 것이다. 반면에 ESTJ는 INFJ의 차분하고 사색적이며(I), 따뜻하고 다정한 태도 그리고 번뜩이는 유머능력(NF)에 반했다. 두 사람은 모두 진지하고 성실했으며 약속을 잘 지켰는데(J 선호), 이 점도 서로에 대한 호감을 키워 주었다(3가지는 반대유형, 한 가지는 동일유형이다). 그래서 두 사람은 마치 자신의 충실한 그림자와도 같았던 상대방을 잊을 수 없었던 것이다.

이에 더해 ESTJ는 약간 뚱뚱했던 어머니와 사이가 나빴기 때문에 마른 체형인 INFJ에게 더 끌렸고 아주 건강했던 자기 부모와 사이가 좋았던 INFJ는 단단한 체형을 가진 ESTJ가 더욱 마음에 들었던 것이다.

이렇게 사람들이 자신도 모르게 어떤 사람을 좋아하거나 싫어할 경우, 그 기저에는 '성격의 힘'이 도사리고 있다.

우리가 미처 의식하지 못해도 무의식은 '운명적인 연인'을
단번에 알아채고 그를 마음 깊은 곳에 묻어 놓는다.

(3) 몇 가지 예

ESTJ-INFP : 4가지 심리적 유형이 모두 대칭을 이루는
경우이다. 이때 두 사람이 심리적으로 건강하지 않으면, 유
약하여 경제생활에 자신이 없는 INFP는 강하고 생활력이
있는 ESTJ에게 의존하여 주종관계로 살아가게 된다.

INTJ-INFP : 2가지 심리적 유형은 같고 2가지 심리적
유형은 반대인 경우이다. 위의 경우와 마찬가지로 INTJ는
강한 반면 INFP는 유약하기 때문에 심리적 건강성이 뒷받
침되지 않을 경우 주종관계로 되기 쉽다. 또한 두 유형 모
두 현실감각을 결여할 가능성(IN)이 많기 때문에 생활에서
무수한 것들을 놓치며 살 수 있다.

INFJ-ENFP : 2가지 심리적 유형은 같고 2가지는 다른
경우이다. 각각의 유형은 모두 인구분포상 극소수이지만 두
유형간의 결합은 의외로 자주 발견된다. INFJ는 매우 순진

한 데가 있고 성실한 반면 ENFP는 사람을 다루는 재주가 있고 불성실한 편이다. 순진한 INFJ가 ENFP의 유혹을 벗어나기란 매우 힘들며, ENFP는 INFJ같이 진지한 사람을 그냥 놔두지 못한다. 그 결과 ENFP는 INFJ의 진실한 성품과 성실한 노동을 든든한 밑천으로 삼아 마음껏 즐기면서 살아가기도 하고, 카르멘이 돈 호세를 파멸로 인도하듯이 INFJ를 망치기도 한다.

ESFJ-ESTJ : 3가지가 같고 한 가지가 다른 경우이다. 두 유형 모두 성실하고 책임감이 강하기 때문에 심리적 건강성만 보장된다면 F-T의 단점을 서로 보완해 주면서 매우 행복하게 지낼 수 있다. 그러나 심리적 건강성이 뒷받침되지 않을 경우, 갈등을 싫어하는 ESFJ는 빈틈이 없으며 한 가지도 봐주지 않는 ESTJ에게 당하면서 살아가게 될 것이다.

2. 성격과 양육

(1) 성격 차이로 인한 오해와 갈등

부모와 자식의 성격이 다를 경우, 이러한 성격의 차이는 부모와 자식 간에 오해와 갈등을 낳을 수 있다.

E(외향형) 부모는 집에만 틀어박혀서 책을 읽는 I(내향형) 아이를 이해하지 못할 수 있고, E(외향형) 아이는 밖으로 잘 놀러나가지 않고 자기와 놀아 주지도 않는 I(내향형) 부모에게 화가 날 수도 있다. S(감각형) 부모는 놀라운 질문을 연속적으로 던져대는 N(직관형) 아이를 감당하지 못해 당황스러워할 수 있으며, N(직관형) 부모는 S(감각형) 아이의 일상생활을 세세히 챙겨 주지 못해서 결과적으로 아이를 방치하여 우울하게 만들 수 있다. 또한 T(사고형) 부모는 너무 엄하게 굴어서 F(감정형) 아이들이 눈치를 살살 보게 만들 수 있으며, 마음이 약한 F(감정형) 부모는 T(사고형) 아이를 이기지 못해 그 아이가 제멋대로 날뛰도록 방치할 수도 있다.

모든 집안 식구들이 S(감각형)인데 한 아이만 N(직관형)

이거나 그 반대의 경우, '성격적 소수자'의 문제가 발생할 수 있다. 가족 구성원들은 자기들과는 너무나도 다르게 행동하는 N(직관형) 아이를 이해하지 못하여 나중에는 그 아이를 따돌리게 될 수도 있다. 이럴 경우 성격적 소수자인 아이는 심각한 마음의 상처를 입게 될 것이다.

(2) 자녀양육에서 고려할 점

부모가 아이를 잘 양육하려면 자신의 성격을 잘 알아야 할 뿐 아니라 아이의 성격도 정확히 알아야 한다. 부모가 자신과 아이의 성격이 가지는 특성과 장단점을 잘 안다면 서로간의 이해를 높이고 갈등도 최소화할 수 있을 것이다.

아이의 성격을 고려한 적절한 양육은 아이의 장점을 극대화시키며, 부모의 수고도 크게 덜어 준다.

부모들은 아이의 성격이 가지는 약점을 보완하기 위해 노력해야 한다. E-I, S-N, T-F가 심리적 균형을 이루지 못하면 아이의 심리적 건강성은 크게 훼손되기 때문에 부모들은 아이의 성격을 정확히 파악하고 열등한 심리적 유형을 개발하기 위해 노력해야 할 것이다. 열등한 심리적 유형은 어릴 때 개발하기가 상대적으로 쉬우며 나이가 들어갈수록 그것을 개발하기는 매우 어려워진다는 점에 비추어 볼 때 유아기, 아동기 초기를 놓치는 것은 아이의 미래를 위해서 매우 불행한 일이 될 것이다.

아이들이 자기의 열등한 심리적 유형을 개발하는 데 있어서 가장 좋은 것은 건강한 역할모델이 존재하는 것이다. 이런 점에서 현실감이 부족한 N(직관형) 아동을 건강한 S(감각형) 어머니가 양육한다면 더할 나위 없이 좋을 것이다. 아이 주위에 있는 건강한 어른들도 아이에게는 큰 도움이 된다.

부모들은 아이의 성격적 약점을 보완할 수 있는 교육을 목적의식적으로 배치할 필요가 있다. 예를 들어 T(사고형) 아이에게는 감정기능(F)을 보완하기 위해, 다양한 문학작품들을 읽게 하며 풍부한 문화예술적 체험을 하게 하는 등의 학습내용을 의도적으로 배치할 수 있을 것이다.

부모들은 또한 아이의 실천능력을 높이기 위해 정말로 많이 노력해야 한다. 실천능력의 차이에 의해 구분되는 J-P(실천형-인식형)는 아이의 심리적 건강성을 크게 좌우하게 될 것이기 때문에 특별한 주의가 필요하다. ESTJ와 ESTP, INTJ와 INTP는 비록 한끝 차이지만 그 성격적 특성은 크게 달라진다. J(실천형)의 특성은 나머지 세 가지 심리적 유형의 장점을 강화하지만 P(인식형)의 특성은 그것들의 약점을 강화하기 때문에 어린 시절부터 실천능력을 개발하기 위한 훈련을 받지 못한 P(인식형) 아이들은 나중에 막대한 손해를 볼 수 있다.

실천능력을 개발하기 위한 가장 좋은 방법은 어릴 때부터 아이들에게 생활훈련과 예절교육을 제대로 시키는 것이다. 아침에 일어나면 이불을 단정하게 개서 정리해 놓고 방을 쓸고 닦으며, 식사는 가지런히 하고 옷은 깔끔하게 차려 입으며, 학습할 때는 바른 자세로 주의를 집중해서 하도록 지도하는 등, 아이들이 자기 일을 스스로 잘할 수 있게 교육해야 한다. 학교에 가져갈 준비물은 스스로 챙기게 하고 어떤 일을 한 뒤에는 반드시 뒷마무리와 청소를 하게끔 지도하는 것도 중요하다.

또한 어른들은 주변환경을 항상 단정하게 정리 정돈하여 아이들이 흩트러지지 않도록 해야 한다. 언제나 깨끗이 청소되어 있으며, 있어야 할 물건들은 반드시 그 자리에 놓여 있는 단정하게 정리 정돈된 집을 보는 것만으로도 아이들은 큰 학습효과를 얻게 될 것이다. 너저분하게 쌓여 있는 쓰레기더미에는 쉽게 휴지를 버려도 먼지 한 톨 없는 깨끗한 방에서는 발걸음도 조심하는 법이다.

만일 너그러움이라는 미명하에 아이들을 방치하면, 그

아이들은 점점 더 자기의 충동을 통제하지 못하게 되어 ADHD와 같은 심리적 병으로까지 악화될 수 있다.

3. 성격과 사회생활

(1) 성격과 직업선택

사람들은 대체로 자신의 성격에 맞는 직업을 선호한다. 그러나 세상살이라는 것이 자기 마음대로 되는 것은 아니어서, 자기 성격과는 전혀 맞지 않는 직업을 선택하는 경우도 많이 있다. 이럴 경우 사람들은 성격과 직업의 부조화 때문에 극심한 스트레스에 시달릴 수도 있다.

E(외향형)에게 많은 사람들을 상대해야 하는 영업이나 판매직은 즐거운 일이 될 수 있겠지만 I(내향형)에게는 고통스러울 수 있다. 반대로 I(내향형)에게 글을 쓰는 직업은 보람을 느끼게 해줄지도 모르지만 E(외향형)에게는 고역스런 일이 될 수도 있다. INFJ와 ESFP를 수도원이나 선방 같은 곳에 집어넣고 책을 읽고 명상을 하면서 백일을 견뎌내라

고 해보라. INFJ는 그럭저럭 잘 견디낼 테지만 ESFP는 좀처럼 견디낼 수 없을 것이다.

그렇기 때문에 가능하다면 직업을 선택할 때, 자신의 성격에 맞는 직업을 선택하는 게 좋을 것이다. 다만 한 가지 조심해야 할 점은, 직업선택이 자신의 열등한 심리적 유형을 개발할 수 있는 기회를 박탈하는 것으로 되어서는 안 된다는 것이다. 내향성이 매우 부족해서 집에 가만히 앉아 있지를 못하는 사람이, 하루 종일 돌아다니며 사람들을 만나는 외판원을 직업으로 가질 경우, 그의 외향성은 지나치게 비대해져 심리적 균형이 깨질 수 있기 때문이다.

(2) 성격과 사람관계

성격에 대한 올바른 이해는 자기 자신과 타인을 정확히 이해하게 해주고 사람관계를 매끄럽게 해줄 수 있다.

사람은 누구나 다 자기 자신에 비추어 남을 판단하는 경향이 있기 때문에 자기와 비슷한 성격에 대해서는 쉽게 이해를 한다. 그러나 자기와 다른 성격에 대해서는 머리를 설레설레 흔들기도 하며 심지어는 배척하고 증오하기도 한다. 따라서 16가지 성격이 존재하며 그 특성이 모두 다르다는 것을 알게 된다면 타인을 좀더 잘 이해하고 그와 더 매끄럽게 지낼 수 있을 것이다.

자기 성격이 가지는 장단점을 잘 파악하고 단점을 보완하기 위해 노력한다면, 사회생활에서 불필요하게 손해를 보거나 피해를 입는 것을 줄일 수 있으며 타인의 장점을 빨리 포착하여 그것을 배울 수 있을 것이다.

당하며 사는 데 이골이 난 F(감정형)가 자신의 문제를 직시한다면 더 이상 T(사고형)를 무서워하지 않고 그에게 맞설 수 있을 것이며 나아가서는 T(사고형)의 장점을 배울 수 있을 것이다. 똑똑하기는 하지만 일상생활에 대해서는 너무나도 무지한 N(직관형)은 S(감각형)로부터 일상적인 삶의 지혜를 겸허하게 배울 수 있을 것이며, 현실적이기는 하지만 상상력이 빈곤한 S(감각형)는 N(직관형)으로부터 추상적인 이론의 중요성과 풍부한 영감의 세계를 배울 수 있을 것이다.

제 5 장
성격이론의 의미

성격이론은 우리들에게 새로운 인생숙제를
제시하고 있는데, 그것은 심리적 균형의 달성과
실천능력의 개발이다. 실천능력을 개발하는 문제는
심리적 균형을 이루는 문제보다 더 중요하다.
고장난 '양손잡이'보다는 차라리
튼튼한 '한손잡이'가 낫기 때문이다.
실천을 많이 할수록 실천능력은 강화되고
실천능력이 강화될수록 열등한
심리적 유형을 개발하기는 더 쉬워진다.

성격이론은 자기 자신과 타인을 더 잘 이해할 수 있게 해줌으로써 궁극적으로는 사람에 대한 이해를 심화시킨다.

성격이론은 또한 다양한 응용분야에서 활용될 수 있다. 성격이론에 의해 밝혀진 내용들은 심리치료와 상담이나 인재활용에 이용될 수 있으며, 각종 정책을 수립할 때에도 유용한 정보를 제공해 줄 것이다. 일반인들 또한 자녀양육이나 대인관계를 개선하며 진로를 결정하는 데서 많은 도움을 받을 수 있을 것이다.

성격이론이 사람을 이해하는 데 큰 도움을 준다는 것은 분명하다. 성격은 사람의 근원적인 심리적 특성을 규정하기 때문에 사람의 인생에 상당한 영향을 미친다. 키가 작은 사람보다는 큰 사람이 농구선수가 될 가능성이 많듯이 특정한 성격은 다른 성격에 비해 지도자, 종교인, 학자, 예술가가 될 가능성을 더 많이 가질 수 있게 해준다. 이런 점에서 성격과 사람의 인생 간에는 의미 있는 인과관계가 존재한다고 할 수 있다.

그러나 성격이론을 지나치게 확대적용 하는 것은 곤란하다. 어떤 성격은 성인군자가 되고 또 다른 성격은 범죄자가 된다든가 아니면 어떤 사람이 공격적인 성향을 보인 것이 그 사람의 성격 때문이라는 식으로 모든 것들을 성격으로 설명하려고 해서는 안 된다. 이는 '성격 환원주의'로서 미국이 이라크를 침공한 이유가 부시의 성격 때문이라고 주장하는 것이나 다름없는 어리석은 일이다. 성격이론은 자기 분수를 알고 사회현상에 대한 지나친 성격 환원주의적 해석을 경계해야 할 것이다.

성격이론 진영은 향후에 16가지 성격을 판별해낼 수 있는 검사도구를 개발할 필요가 있을 것이다. 1962년에 개발된 MBTI(Myers-Briggs Type Indicator)가 여러 현장에서 사용되고 있으나 이 검사도구로는 정확한 자기 성격을 찾아내기 힘들다. MBTI는 사람들의 '실제 성격'보다는 그들이 '희망하는 성격'을 밝혀 주는 경향을 가지고 있기 때문이다. 즉 MBTI가 판별해 주는 성격은 진짜 자기 성격이 아니라 자기가 되고 싶어하는 성격인 경우가 많다는 것이다.

아직까지는 16가지 성격을 정확히 판별해 주는 신뢰할 수 있는 검사도구가 개발되지 않았기 때문에, 성격의 판별은 일부 전문가나 성격이론을 공부한 사람들에 의해 이루어질 수밖에 없는 것이 현실이다. 그러나 다행스럽게도 성격을 판별하는 일이 매우 까다롭거나 어려운 일은 아니다. 일반인들도 성격이론을 어느 정도만 숙지한다면 사람들의 성격을 나름대로 판별할 수 있을 것이다.

단기적인 시각으로 사람의 행동을 관찰하지 않고 개인의 역사를 중심으로 고찰해 보면 그 사람의 성격은 분명히 드러나게 마련이다. 오른손잡이도 어떤 시점이나 위기상황에서는 왼손을 사용할 수 있다. 그러나 인생 전반을 놓고 볼 때 그는 역시 오른손을 주로 사용하게 될 것이기 때문이다.

성격이론은 우리들에게 새로운 인생숙제를 제시하고 있는데, 그것은 심리적 균형의 달성과 실천능력의 개발이다. 성격이론을 통해 E-I, S-N, T-F 사이의 심리적 균형과 실천능력의 개발이 매우 중요하다는 것을 알게 된 이상 그 실천을 마냥 미룰 수는 없다.

어떤 사람들은 "자기 단점은 무시하고 장점만 보고 그것을 극대화하라. 그러면 저절로 단점도 극복될 것이다"라고 주장하기도 한다. 물론 자기 단점에 지나치게 집착하여 열등감을 가지는 것은 매우 나쁜 일이다. 그러나 단점은,

그것을 무시하고 회피한다고 해서 또 장점을 개발한다고 해서 저절로 없어지지는 않는다. 그것을 솔직히 인정하고 죽을 힘을 다해 고치려고 노력해야만 없앨 수 있는 것이다.

잘 나가던 사람의 인생을 순간에 꺾어 버리는 것은 그가 가진 장점이 아니라 단점에서 비롯되는 것임을 명심해야 한다. 인생이 던져 주는 무거운 짐들은 한 손만으로는 들어 올릴 수 없다. 심리적 균형의 힘, 두 손의 힘을 사용해야만 비로소 들어 올릴 수 있는 것이다.

실천능력을 개발하는 문제는 심리적 균형을 이루는 문제보다 더 중요하다. 고장난 '양손잡이'보다는 차라리 튼튼한 '한손잡이'가 낫기 때문이다. 실천을 많이 할수록 실천능력은 강화되고 실천능력이 강화될수록 열등한 심리적 유형을 개발하기는 더 쉬워진다. 예를 들어 N(직관형)의 최대약점인 현실감 부족은 현실 속에서의 실천과정을 통해 현저히 개선될 수 있다. 이렇게 실천능력은 심리적 균형을 이루는 데 큰 도움을 주며, 모든 심리적 유형들의 장점을 강화하기 때문에 우리는 한시도 쉬지 않고 실천능력을 끊임없이 개발해야 할 것이다.

16가지 성격을 알게 되면 어떤 사람들은 다음과 같은 생각을 할 수도 있을 것이다.

"나는 왜 ISFJ일까, INTJ가 되고 싶은데…", "나는 감각형(S)이니까 큰 인물은 되지 못하겠군", "나는 인식형(P)이니 앞날이 뻔하겠군."

그러나 16가지 성격 중에서 가장 좋아 보이는 성격이라 하더라도 그것이 심리적으로 건강하지 못하면 아무런 의미가 없다. 어떤 성격이냐 하는 문제보다는 심리적 건강성이 훨씬 더 중요하기 때문이다.

다소 우울한 얘기지만 어차피 세상은 불공평하다는 것을 인정하지 않을 수 없다. 사회적 불공평만 생각해도 화가 나는데 '유전적 불공평'까지 떠올리면 절망감에 빠질 수도 있을 것이다.

"어떤 사람은 재벌2세로 태어나는데 나는 왜 이렇게 지지리도 가난한 집안에 태어났을까?", "저 사람은 훌륭한 부모 밑에서 자라 저리도 안정감이 있는데, 내 부모는 나를 사랑하지도 않으면서 왜 나를 낳았을까?"라는 질문은 부질 없는 것이기는 하지만 여전히 사람들을 속상하게 한다. 여기에 더해 거울 속에 비친 자신의 외모를 보며 한숨을 짓는 사람들, 1시간 동안 끙끙대며 외운 것을 10분 만에 외우는 친구를 쳐다보며 공부를 해야 했던 사람들의 마음은 어떠했을까?

그러나 세상사의 많은 불공평을 탓하기만 해서는 아무

것도 해결할 수 없고, 어떤 것도 얻을 수 없다.

사회적 불공평을 해결하기 위한 사람들의 치열한 노력에 의해 사회가 점점 더 발전해 왔듯이 유전적 불공평 또한 사람들의 기나긴 노력에 의해서만 해결할 수 있을 것이다. 다만 유전적 불공평의 해결은 사회적 불공평의 해결보다는 훨씬 더 긴 역사적 시간이 소요될 것이다.

> "사람은 선행 세대로부터 물려받은 유전자의 힘을 담보로 세상을 살아나가고 자신의 삶을 통해 그 유전자를 더 좋게 하거나 나쁘게 해서 다음 세대에게 넘겨준다. 남들보다 나쁜 유전자를 가지고 있다고 해서 열등감을 가지지 말고 더 열심히 노력해야 하는 것은 자기의 삶이 자기 개인에게만 국한되지 않고 자식의 인생에도 영향을 미치기 때문이다."
>
> (『부모 - 나 관계의 비밀』, 김태형·전양숙,
> 새뜰심리상담소출판사, 2005, 96쪽)

문제를 회피하면 반드시 대가를 치른다. 사회가 제기하는 숙제들을 회피하지 않고 그것에 당당히 맞서야 하듯이 성격이 제기하는 인생숙제도 회피하면 안 된다. 자기와 다른 성격을 선망하거나 질투하는 데 아까운 시간을 허비해서는 안 될 것이다. 겸손한 태도로 자기 성격을 긍정하고 사랑함으로써 심리적 건강성을 이루기에도 시간은 넉넉하지 않기 때문이다.

지독하게 불공평한 이 세상이 그래도 살아갈 만하고 아름다운 것은 인생이 제기하는 숙제를 회피하지 않고 끝내 맞서 나갔던 사람들이 세대를 이어가며 존재해 왔고 오늘에도 우리 곁에 있기 때문이다. 그 어떤 것도 회피하지 않고 최선을 다해 자신의 삶을 부둥켜안고 살아간다면 더 이상 무엇을 바라겠는가.

심리학교양서 ②
성격과 심리학

펴낸날 / 2007년 1월 20일 초판인쇄
         2007년 1월 25일 초판발행
지은이 / 김태형 · 전양숙
펴낸이 / 김태형
펴낸곳 / 새뜰심리상담소
         전라남도 담양군 금성면 대성리 958-16호
         전화 · (061) 381-3758
         e-mail / saeddeul@naver.com
         등록 / 2005. 11. 10 제 485-2005-00001호
공급처 / 세창출판사
         전화 · (02) 723-8660   팩스 · (02) 720-4579

정가 12,000 원

ISBN 978-89-91948-01-3 03180